今日の
自分を変える!
一流の言葉
Become a new you today! 365 timeless sayings
365

名言発掘委員会［編］

青春出版社

はじめに

変わりたい……あなたへ

この本を手にしたあなたは、いまの自分を変えたいと思っているのでしょうか。もしかしたら、自分ではどうにもならないような思いを抱えているのかもしれませんね。

本書で紹介している言葉の主は、誰もがその名を知る著名人や、有名な作品の主人公たちです。しかし、才能や環境に恵まれ、順風満帆な人生を送った人々というわけではありません。彼らは、逆境や目の前に立ちはだかる壁を乗り越えられたからこそ、チャンスをつかみ、成果をあげることができたのです。

そんな、経験や実績、未来を見る目に裏打ちされた言葉には、人生を変えるパワーが宿っています。きっと、あなたと同じような悩みを抱えていた成功者たちも、言葉の力に支えられていたことでしょう。

ページの下にある、気になる章があったら、そのページを開いてみてください。いまのあなたの背中を押してくれる365の言葉の中から一つでも出会っていただけたら幸いです。

名言発掘委員会

2019年1月

本文写真
iStock.com/robru、iStock.com/marchmeena29、iStock.com/Vaniatos 、iStock.com/OgnjenO、iStock.com/kieferpix、iStock.com/ MamonovStanislav、iStock.com/ AlexLinch、iStock.com/Smilja Jovanovic、iStock.com/phototechno、iStock.com/ Hakase_、iStock.com/NikonShutterman、iStock.com/francescoch、iStock.com/ Gearstd、iStock.com/NiseriN、iStock.com/francescoch、iStock.com/SvetaZi、iStock.com/RomoloTavani、iStock.com/Diy13、iStock.com/francescoch、iStock.com/evgenyatamanenko、iStock.com/BrianAJackson、iStock.com/Nick Dale、iStock.com/ Remains、iStock.com/urbancow

本文デザイン・DTP　鳥越浩太郎
制作　新井イッセー事務所

今日の自分を変える! 一流の言葉365

CONTENTS

1章 今の自分へ

chapter one

何者になりたいのか?

大切なものは何か?

うまくいかないのはなぜ?

あなたが“結果”を出すために

自分の外側を見ている人は、
夢を見ているだけ

001

自分の内側を見るとき、人は初めて目覚める

――カール・グスタフ・ユング（スイスの心理学者）

人間は2、3歳のころと思春期に、外部の世界や他人と自分とを区別する「自我の目覚め」が起こるといわれる。この時期はどうしたって自分の周りにいる人たちと自分を見比べてしまいがちだが、他人と比較ばかりして肝心の自分を見失ってしまっては本末転倒だ。自分の内面から聞こえてくる「心の声」に従って素直に、まずはアクションを起こしてみることである。

002

何より大切なのはセルフイメージだ

――トム・ホプキンス（アメリカの著述家）

セルフイメージとは、自分自身が思い込んでいる自己像のことだが、それをどう描くかがその後の生き方に大きな影響を与える。アメリカで〝営業マンのバイブル〟とまでいわれるベストセラー本の著者の核心を得たアドバイスだ。

003

世界記録は私の名刺です

――エレーナ・イシンバエワ（元陸上競技選手・金メダリスト）

イシンバエワは、ロシア出身の棒高跳び界のクイーンである。このインパクトのある、堂々の発言は自信の表れ以外の何物でもないが、それは同時に、それに見合うだけの精進をしなくてはならないという彼女の覚悟でもある。

004

人間には与えられた役目がある

――根本陸夫（元プロ野球監督）

野球では、自分の特長を生かせるポジションにつくことで、チームに最大限の貢献ができる。自分のウリは何なのか、自分に与えられた役目は何か、自分の得手不得手を見極められれば、なりたい自分が見えてくるはずだ。

005

私たちの幸福のほとんどは、その境遇にあるのではなく、心のありようで決まるのだ

――マーサ・ワシントン（初代アメリカ大統領夫人）

幸福に共通のモノサシはない。周囲がうらやむような境遇の人が深い孤独感を抱えていたり、家族やお金がなくても心が豊かだったり…。自分が与えられた場所で、どれだけ充実した人生を送れるかでその人の幸せは決まるのだ。

006

何のためにやるのかという意味がはっきりわかっていないと、そこにあるのは肉体だけだ

――18代目中村勘三郎（歌舞伎役者）

早世した稀代の歌舞伎役者の至言は、芸事について触れたものだ。スポーツの世界でいえば「心技体」ということになるだろうか。目的意識を持って行動しなければ、ただの自堕落な人間に成り下がってしまうことを案じた一文だ。

007

何々になろうとする者は多いが、何々をしようとする者は少ない

――長岡半太郎（物理学者）

将来は医者になりたいと夢見る人は多いが、では医者になって何をするのか。ただ漠然と「なりたいから」というだけなら、それは誰でもできるはずだ。肝心なことは、○○になって「何をするか」だ。必ずセットで考えるようにしたい。

大切なものは何か?

008
ただ一つ確かなことは確かなものは何もないということだ

――プリニウス（古代ローマの博物学者）

009
心が変われば 行動が変わる
行動が変われば 習慣が変わる
習慣が変われば 人格が変わる
人格が変われば 運命が変わる
運命が変われば 人生が変わる

――出典不詳

元メジャーリーガーの松井秀喜氏の座右の銘としても有名だが、最初に誰が言ったのかははっきりしていない。でも、「人生が変わる」きっかけが「心」にあることは、この短文が〝証明〟してくれている。きっと多くの人が体験的に気づいているはずだ、この世には確かなことは何一つないということを。

010
真っすぐ前ばかり見とっても、何も見えてこんで。人生、大事なことは横っちょの方に転がってるもんや

――榊莫山（書家）

20代の若さで書道界に認められた天才書家は、集団を組むと堕落するからと書壇から退き、一人で自ら書の道を貫いた。トップになることだけをめざしていたら、大切なことを見落とすという教訓だ。

011

君の人生は教科書に全部書いてあんのかい?

――荒川弘（漫画家）『銀の匙 Silver Spoon』

将来に不安を感じているとき、自分の人生がこれからどうなっていくのかが書いてある教科書があれば、どんなに心強いだろう。でも、実際にはどこを探してもそんなものはあるはずがない。そのことを受け入れたうえで、前に進むしかないのだ。

012

あなたは自分の人生を生きるために生まれてきたのよ

――映画『サウンド・オブ・ミュージック』より

映画の中で、修道院の院長がヒロインの修道女マリアにかけたのがこの言葉だ。周囲から求められている自分を演じるばかりでは、他人の人生を借りているだけ。本当の自分をさらけ出して生きてこそ、人生の主役になれるのだ。

013

私は一日たりとも、いわゆる労働などしたことがない。何をやっても楽しくて仕方ないから

――トーマス・エジソン（アメリカの発明家）

014

人生において自分が欲しいものを得るために絶対に欠かせない最初の一歩は、「自分が欲しいものを決めろ！」ということだ

――ベン・スタイン（アメリカの俳優・評論家）

「将来の目標は何ですか？」と聞かれたら、何と答えるだろう。漠然と毎日を過ごしていては、何も得られないままときが過ぎ去ってしまう。まずは自分の欲する人生は何かを考える。その一歩から新しい可能性が開けるのだ。

015

あなたの強さは、あなたの弱さを認めることから育つ

——ジークムント・フロイト（オーストリアの精神分析学者）

自分は弱い人間だと認めると、なぜ強くなれるのか。それは、弱さを認めることはとても勇気がいるからだ。自分の身の丈を知れば立ち居振る舞いが変わり、いつしか懐の大きな人物になれるはずだ。

うまくいかないのはなぜ?

016

あせるな、くさるな、めげるな

——岡本綾子（プロゴルファー）

うまくいかないからといって、あせるとたいていのことは失敗するものだ。失敗すると「どうせ自分なんか」とくさった気持ちになる。その気持ちを引きずったまま失敗が続くと、やがてめげてしまう——。そんな悪循環に陥らないためには、一呼吸おいて、何事も落ち着いて行動することだ。

017

1日をどのように過ごしているのかを見ればその人が未来をどのように考えて生きているかわかるのである

——フローレンス・ナイチンゲール（イギリスの看護師）

018

美しい景色を探すな。景色の中に美しいものを見つけるんだ

――フィンセント・ファン・ゴッホ（オランダの画家）

夭逝の天才画家によるこの言葉は、何かを生み出すときに頼れる〝足場〟は結局、自分自身の中にしかないことを教えてくれている。

019

多くの人は、運命に過度の要求をすることによって、自らの不満の種をつくっている

――アレクサンダー・フォン・フンボルト（ドイツの博物学者・探検家）

あれも欲しい、これもやってみたいと渇望することは、プラスに働けば向上心に代わる。しかし、これがマイナスに働くと、自分が欲しいものを手に入れられないのは他人のせいだと勝手に不満を募らせることになってしまう。

020

人生はできることに集中することであり、できないことを悔やむことではない

――スティーブン・ホーキング（イギリスの理論物理学者）

21歳で筋委縮性側索硬化症（ＡＬＳ）を発症しながらも、世界的な宇宙物理学者となった「車いすの物理学者」スティーブン・ホーキングはこうも言っている。「私は幸運だ。なぜなら脳は筋肉でできていないからだ」。体の自由は奪われても、脳は自由に働かせることができる。さて、あなたにできることは何だろう。

021

これは始まりにすぎない

――モーリス・グリーン（アメリカの元陸上競技選手・金メダリスト）

彼は、シドニー五輪の陸上男子１００メートルで金メダルを獲得しているが、その前年のレースで世界記録を塗り変えたときにこの言葉を口にしている。我々の人生には多くの節目があるが、そこをゴールととらえるか、スタートととらえるか。それによって、次に向けてのモチベーションは大きく変わる。

あなたが“結果”を出すために

022

やりたいと思う自分の気持ちが大切だ。結果や人にほめられることを期待してはいけない

――ルートヴィヒ・ヴァン・ベートーヴェン（ドイツの作曲家）

多くの名曲を世に遺したベートーヴェンだが、晩年は聴覚を失い、一時期は自殺も考えたといわれている。死を覚悟するほどの絶望感を打ち破ったのは、音楽への情熱にほかならない。評価は、あとからちゃんとついてくるのである。

023

まだ経験したことのないことはこわいと思うものだ。でも考えてごらん。世界は変化し続けているんだ。変化しないものはひとつもないんだよ

――レオ・バスカーリア（アメリカの教育学者）『葉っぱのフレディ』

季節がめぐり、落葉することを恐れた葉っぱのフレディに向けられた、友だちダニエルの言葉。ここでは「落葉＝死」を意味するが、人はそこにたどりつくまで心も体も絶えず変わりながら生きている。変化の数々は「成長」とも置き換えられるが、自分にまつわる世界の変化に合わせて新たな体験をすることで結果へとつながるのだ。

024

人は何を知っているかではなく、何をしようとしているかによって、価値・無価値、能・不能、幸・不幸が決まる

――リントネル（オーストラリアの教育家）

大切なのは「何を学んだか」という結果よりも、「何を学ぼうとしたか」という能動的な姿勢だ。意思のない学びで得る知識は、「頭でっかち」を生む元凶になりかねない。

025

敵と戦う時間は短い。自分との戦いこそが、明暗を分ける

――王貞治（福岡ソフトバンクホークス会長）

一流アスリートはライバルと戦う前に自分と戦っている。敵に勝った負けたと感情的になるのはほんの一瞬で、その何倍もの時間を自分自身と向き合っている。どれだけ己を鍛えることができるか、まずはそこだ。

今日のこの日は、きみのもの！
きみの山が、待っていますよ。
さあ、出発しなさい、君の道をね

026

――ドクター・スース（アメリカの絵本作家）『きみの行く道』
誰かがたどった足跡について歩いていけば、少なくとも道に迷うことはない。でも、まだ誰も歩いたことのない道なき道を行くのも人生の醍醐味だ。「みんなと一緒じゃなきゃいけない」なんて決まりはない。自分が信じる道を歩きたい。

自分のやりたい夢があるのなら、
諦めないで一歩ずつ頑張って

027

――向井千秋（女性初の宇宙飛行士）
向井さんが宇宙飛行士をめざしたのは、医師になって10年も経ってからのこと。「いつか地球を外側から見たい」という思いを持ち続け、このチャンスに賭けた。夢を実現するには、遠回りもアリだというお手本だ。

028

明日のことがわからないということは、人の生きる愉しさをつないでゆくものだ

——室生犀星（詩人・小説家）

先が見えない状態というのは不安な気持ちと隣り合わせにある。しかし、見えないからこそのワクワクやドキドキもある。人生は山あり谷あり。いつ、何が起きるかわからない。だからこそ、〝ドキドキ感〟を大事にしていきたい。

029

世の人はわれを何とも言はば言へ わが成すことはわれのみぞ知る

——坂本龍馬（幕末の志士）

030

何をやるのか決めるのは簡単。何をやらないかを決めるのが大事

——マイケル・デル（デル創業者）

「クオリティ オブ ライフ」という言葉は自分らしく生き、人生にどれだけ幸福を見出しているかで生活の質をはかる概念のことをいう。何をやらないか、その取捨選択こそが人生そのものになるのだ。

chapter two

2章 過去を見つめなおす

自分のことは嫌い?

人間関係について

人生で大切なこと

自分を受け入れる

自分はたいした人間ではないと思うな。
そんなことは決して考えるな。

031

他人からそんなものだと思われてしまう

――アントニー・トロロープ（イギリスの作家）

この教えを語るアントニー・トロロープは、イギリスを代表する作家である。よく「人間の器」が云々などというが、その大きさは自分はもとより他人にもわかるはずがない。それを自ら「このくらい」と決めてしまえば、そのサイズで固定されてしまう。謙虚になるのはいいが、卑屈になってはいけない。大きくするもしないも自分しだいなのだ。

032

脱皮できない蛇は滅びる

——フリードリヒ・ニーチェ（ドイツの哲学者）

過ぎた日の成功体験にしがみついたまま自分を変えようとしなかったら、そのうちに成長は止まってしまう。おまけに、自分を必要としてくれる人も場所も失せてしまうだろう。変わることを恐れていては何も始まらない。

033

君が思い悩み、迷ったことは少しも気にすることはない。何かをつかんだはずだ

——松本昇（資生堂元社長）

人事への不満を理由に2カ月以上もの間、無断欠勤を続けていた部下に向けた言葉。停滞する時期は誰にでもやってくる。大事なのはそこで何をつかみ、何を得たかだ。思い悩んだ時間は無駄にはならない。その後いくらでも取り返せるのだから。

こんなはずじゃなかったのに、
という考えは捨てなさい。
こんなはずなのだから…

034

——ウエイン・W・ダイアー(アメリカのスピリチュアリスト)

起こったことをいつまでも嘆く人がいるが、それでは展望はない。哲学者のウィリアム・ジェームズも「物事をあるがままの姿で受け入れよ。起こった事を受け入れることが、不幸な結果を克服する第一歩である」と語っている。

いかなるひとの知恵も、
そのひとの経験をこえるものではない

035

——ジョン・ロック(イギリスの哲学者)『人間悟性論』

人間は自分が知っている範囲の中でしか発想できない。20年をかけて『人間悟性論』を書き上げたジョン・ロックは、人間の知識についての研究を重ね、この境地にたどり着いた。豊かな発想力は外へ出ることで研ぎ澄まされていく。

036

子どものころ、たくさんの童話を読んだ。それがいまも私の中で生きている。自分の子どもの部分を失ったら、つまらない

——スティーブン・スピルバーグ（アメリカの映画監督）

彼が世に送り出した『E.T.』『ジュラシック・パーク』などの作品を観ていれば、この言葉は意外ではない。彼はたまたま童話を例にとったが、これは子どもの頃の体験すべてから享受し、そして彼の中に内在している感覚だ。

037

一度に二つ以上の悩みごとを抱え込むな。3種類も抱えこむやつがいる。昔の悩みごと、今ある悩みごと、これから起こりうる悩みごとだ

――エドワード・エヴェレット・ヘール（アメリカの政治家）

3つのうちで抱え込んでもいいのは「今ある悩みごと」だけだ。過ぎ去ってしまった過去、まだ訪れていない未来をあれこれ考えたところで時間の無駄である。過去の悩みは教訓に、そして未来に起こりうることを悩まないためにもいいま、努力すべきなのだ。

038

人はひとりであるとき
いちばん強い！

人間関係について

――吉田紘二郎（小説家・劇作家）

たったひとりというのは心細い反面、自由でもある。そこで、本当の自分の力を試してみたかったら、誰にも頼らず単独で行動してみることだ。この言葉を残した吉田紘二郎は、幼いころに父親の事業の失敗から破産を経験し、多感な時期に家族から離れて暮らしながら学んだ苦労人だ。自分に弱さを感じたときこそ孤独を恐れることなく、前を向いて一歩を踏み出したい。

039

すべての人間は、他人の中に鏡を持っている

——ショーペンハウアー（ドイツの哲学者）

世の中には妙にウマが合う人もいれば、百歩譲っても苦手な人もいる。とりわけ苦手な人に対しては欠点ばかりが目についたり、いらだちを覚えてしまうものだ。しかし、それはそのまま自分にも当てはまる欠点だからこそ、なおさら不快だと感じる場合もある。そうやってとらえると、いっそう自分に磨きをかけることができる。

040

軽率に朋友となるなかれ。すでに朋友たらば軽率に離るるなかれ

――ソロン（古代アテナイの政治家）

友とは得難く、失いやすいものだ。初代のアメリカ大統領ワシントンも「友情は成長の遅い植物である」と比喩している。本当の友情はそう簡単に手に入るものではない。じっくりと育て上げた関係こそが「朋友」なのである。

041

嫌われもしないのに絶望しないでください。（人はあなたのことを）好きでも嫌いでもないのです

――ミゼル・デ・セルバンデス（スペインの作家）『ドン・キホーテ』

「愛の反対は憎しみではなく無関心」と言ったのは、聖人マザー・テレサだ。そもそも「嫌い」という感情を抱くには、それなりにエネルギーがいるものだ。ということは、「なんかムカつく」相手ほど、関心があるということである。

042

人の欠点を指摘しても得るところはない。私は常に人の長所を認めて利益を得た

――ヨハン・ヴォルフガング・フォン・ゲーテ（ドイツの詩人・作家）

043

ナニ、誰を味方にしようとなどというから間違うのだ

みんな、敵がいい

敵がないと、事が出来ぬ

――勝海舟（幕末～明治の政治家）

044

真の友は最大の財産であり、

また、最も得難い財産である

――フランソワ・ド・ラ・ロシュフコー（フランスの文学者）

045

幸せになりたいならば、「あのときああしていれば」と言うかわりに、「この次はこうしよう」と言うことだ

――スマイリー・ブラントン（アメリカの精神科医）

うまくいかなかったとき、後悔する人と、そこから学びを得て次に役立てる人がいる。同じことを経験していても、考え方しだいでその人の未来は変わってくる。後ろ向きになるか、それとも前向きに進むか、決めるのは自分自身であることを忘れてはいけない。

046

年を重ねただけでは人は老いない。理想を失うとき初めて老いる

――サミュエル・ウルマン（アメリカの詩人）

047

「ずいぶんまわり道をしたものだ」と言うのは、目的地を見つけた後の話しである

――湯川秀樹（物理学者・ノーベル物理学賞受賞者）

自伝に出てくるこの一文は続きがある。「後になって真直ぐな道を見つけることは、そんなに困難ではない。まわり道をしながら、そしてまた道を切り開きながら、とにかく目的地までたどりつくことが困難なのである」。どのルートが早いのかは目的地に着いてみないとわからないのだ。

048

2年たったら再検討せよ。5年続いたら疑え。10年経ったら捨ててしまえ

――A・E・パールマン（ニューヨーク・セントラル鉄道元社長）

どんなにいいアイデアも、時代が変われば使えなくなることがある。いわば脳内の〝断捨離〟の必要性を唱えたこの言葉は、現代のビジネスパーソンにも十分に通じる。

発見とは人と同じものを見ながら、人の気づかないものを見つけることである

049

――セント・ジェルジ（ハンガリー生まれの生理学者）

思いもよらぬ偶然から大発見をする能力を「セレンディピティ」という。たとえば、リンゴが木から落ちるのを見て万有引力を発見したニュートンは、常にいろいろなことにアンテナを張っていた。他人とは違う視点を持ち、物事を意識し続けることがセレンディピティを高めてくれるのである。

あなたが虚しく過ごしたきょうという日は、きのう死んでいったものがあれほど行きたいと願ったあした

050

――チョ・チャンイン（韓国の作家）『カシコギ』

老若男女を問わず、人に与えられた一日は24時間だ。一日一日が充実していようと、どんなにむなしく無意味なものであっても、時間は平等に過ぎていく。そして、一日のその積み重ねがあなたの人生そのものになる。さあ、前を向いて、今から行動を起こしてみよう。

人は生涯の最初の40年間で、本文を著述し、続く30年でこれに対する注釈を加えていく

051

――ショーペンハウアー（ドイツの哲学者）『パレルガとパラリポーメナ』

052

私の成功や失敗に、最終的に責任を持つのは私だ

――ルパート・マードック（アメリカの実業家）

ルパート・マードックはジャーナリストだった父の跡を継ぎ、幾多の買収や債務整理を経て「世界のメディア王」にのし上がった人物である。もし、自分が最終的に責任を負う立場になかったとしても、覚悟として、あるいは気構えとして「すべての責任は私にある」と断言できるようにしておきたい。

053

後悔とは、自分が自分に下した判決である

――メナンドロス（古代ギリシアの喜劇作家）『断片』

古代ギリシアの喜劇作家メナンドロスの作品の大半は、このように断片として残っているだけである。後悔は自分がとった行動に対する自己評価のひとつだが、落ち込んでいるだけでは何も始まらない。反省すべき点は反省し、そのうえで次につなげていく材料にしたい。後悔先に立たず、だ。

054

みんなの考えが同じということは、だれもよく考えていないということだ

――ウォルター・リップマン（アメリカのジャーナリスト）

自分の考えや主張が、じつは自分でも気づかないうちに他人から刷り込まれていることはよくある。世の中で当たり前だと思われていることが正しいとは限らない。正義の反対は、単純に悪ではないのだ。その答えは、自分自身でじっくり考えることでしか出てこない。

055

今から一年もたてば、私の現在の悩みなどおよそ下らないものに見えることだろう

――サミュエル・ジョンソン（イギリスの文学者）

あら探しの好きな方、わがままな方、やっかいな質問をする方に申し上げます。ありがとうございます

056

――マイケル・デル（デル創業者）

仕事でクレームをつけられたり、短所だと自覚していることを指摘されたらいい気はしない。ましてや、こちらに落ち度がない場合やふだんなら気にもとめないことでケチをつけてくるならなおさらだ。しかし、デル創業者はこうしたクレームに対して礼を言う。裏を返せばプラスに働く〝気づき〟が隠されているからだ。

私はね、起こることはすべて、必要があって起こるんだ、と思うんですよ

057

――山下泰裕（柔道家・金メダリスト）

偉業を達成した人ほど、偶然に起こったように見えることにも必然性を感じている。山下泰裕氏といえば、ロサンゼルスオリンピックで軸足である右足が肉離れを起こした状態で決勝戦にのぞみ、みごと一本勝ちで金メダルに輝いた。あのとき、あの場面で起こったことを〝必然〟として受け入れたのだ。

058

汝の欲することをなせ

――ミヒャエル・エンデ（ドイツの児童文学作家）『はてしない物語』

人の視線や評価を気にして、本当に自分がやりたいと思っていることを封印してはいないだろうか。ぐっとこらえたままでこれから先、何十年も過ごしていくつもりなのか、よく考えてほしい。「自分の人生を生きている」と言い切れるかどうかが〝分岐点〟だ。

059

「変われない」のではない。「変わらない」という決断を自分でしているだけだ

――アルフレッド・アドラー（オーストラリアの精神科医・心理学者）

人間生きることが
全部である。

060

死ねばなくなる

――坂口安吾（小説家）『不良少年とキリスト』

生きることが嫌になることは、誰にでも一度や二度ある。だが、安吾の言葉を借りれば「いつでも、死ねる。そんなつまらんことをやるな」ということなのだ。

3章 才能に気づく

chapter three

なぜ人は学ぶのか

芽を出すために

才能を育てる

才能がないと気づいたとき

061

自分に何ができるかを知るより、何ができないかを知ることのほうが重要よ

――ルシル・ボール（アメリカの喜劇女優）

自分ができること、得意なことは、放っておいても伸びるものだが、「できない」ことに人は目をつむりたくなるものだ。まずはできないことを認識してみよう。リストアップするのもいいだろう。すると謙虚になり、人の話に耳を傾けるようになる。ソクラテスの言う「無知の知」の境地に立つわけだ。

062

人間は、過去を回想することでは賢くなれない。それよりも、未来の自分に期待することで賢くなれる

――バーナード・ショー（イギリスの劇作家）

「過去」は、自分が今まで積み重ねてきた大切な足跡だ。しかし、いつまでも余韻に浸っているよりは、その軌跡をステップアップのための足場にしてしまえばいい。せっかく「経験」という人生の礎があるのだから、「ああなりたい」「こうしたい」夢をその上に築き上げていくのだ。

063

人生は物語のようなものだ。重要なのはどんなに長いかということではなく、どんなに良いかということだ

――ルキウス・アンナエウス・セネカ（古代ローマの政治家・哲学者）

064

誰よりも、三倍、四倍、五倍、勉強する者、それが天才だ

――野口英世（細菌学者）

まず考えること、
辛抱強く考えつくすこと。
人間は自分で探し求め、
発見したことでしか
よく覚えていることはできない

065

――ジャン・アンリ・ファーブル
（フランスの生物学者）

キライなことを
やれといわれてやれる能力は、
後でかならず生きてきます

066

――イチロー（メジャーリーガー）

面倒なことや辛いことは誰しも避けたいと思うが、イチロー選手のようにキライなことでも率先してやれる人がいる。この差は、自分の気持ちをいかにコントロールできるかにある。気が向かないからでは、欲望に打ち勝つための克己心は育まれない。辛いことほど、やり遂げたときには得もいわれぬ達成感と開放感を味わうことができるのだ。

種をまく前に土を耕せ。
土を耕す前に雑草を取れ

067

――隠元（中国からの渡来僧）

068

狭い門から入りなさい。滅びに通じる門は広く、その道も広々として、そこから入るものが多い

——新約聖書「マタイによる福音書」

広々とした歩きやすい道と、狭く険しい道があったとすれば、多くの人は広くて楽な道を選ぶはずだ。しかし、イエス・キリストは、あえて苦難の多い道を行くようにと説く。楽なほうへ、楽なほうへと流れた結果が、いい「結果」に結びつくことはまずないのである。

069

階段の最初の1歩を信頼してください。その階段すべてが見えなくてもいいのです。まず最初の段を上がってください

――マーティン・ルーサー・キング・ジュニア
（アメリカの牧師・ノーベル平和賞受賞者）

何とかなるだろうと後先を考えずに行動してしまう楽観主義者は冒険家には向かないという。万全の準備をしてからでないと動けないというのもまた考えものだ。新しいことに挑戦するときは、誰しもプレッシャーを感じたり不安になる。が、始めてしまえば、あとは自然に回り出すものなのである。

私は天才ではない。
ただ、なかには
得意なこともある。

070

そういうことだけをやってきたんだ

――トーマス・J・ワトソン（IBM初代社長）

自分はダメ人間だと勝手に決めつける人がいるが、どんな人にも得意な分野がある。得意なことなら努力を惜しまず、上達も早いはずだ。IBM初代社長の言葉は、個性という芽を伸ばすことで成功を引き寄せた体験を静かに語っている。

できると思えば可能だ、できないと思えば不可能なのだ

071

――ヘンリー・フォード（フォード・モーター創業者）

フォードは当時、高級品だった自動車を大衆のための乗り物にすると宣言して、それを実行に移した。不可能に見えることでも「できる」と自分に言い聞かせて公言すれば、道は自ずと開けるものなのだ。

今、あなたのうえに現れている能力は氷山の一角。真の能力は、水中深く深く隠されている

072

――宇野千代（作家）

海面に顔を出している氷山は、じつは全体の6分の1にもすぎない。自分が出せる力もまだその程度だとすれば、何倍もの未知なる能力が水面下に埋もれていることになる。それを活かすも殺す自分しだい。秘められた無限の可能性を信じたい。

073

「女子には無理」と言われたけど、同じ人間としてできないはずはないと思った

――上村愛子（元モーグル選手）

オンナだから無理、背が低いと無理、成績が悪いと無理、都会じゃないと無理…。世の中にはたくさんの〝無理〟がはびこっている。でも、本当に無理かどうかはやってみないとわからない。

074

光ったナイフは、草原の中に捨てられていても、いつか人が見出すものだ

――清沢満之（宗教家）

光ったナイフは草原の中に埋もれていても必ず人の目に入る。一筋の輝きを大地から放つことで目立つからだろう。これが錆びたナイフであれば人目につきにくい。どんな状況であっても腐らずに自分を磨き続ければ、いつか誰かが気づいてくれると考えたい。

自分が立っている所を
深く掘れ。

075

そこからきっと泉が湧き出る

――高山樗牛（評論家）

31歳の若さで早世した高山樗牛が言うには、限られた人生の中でひとつのことに打ち込むことがいかに大切かということだ。かの天才・理論物理学者アインシュタインも「わたしは天才ではない。ただ人より長くひとつのこととつき合ってきただけだ」と、これだと思った〝穴〟を掘り続けることを説き勧めている。

076

満足な仕事ができないと思ったときは、素直に自分のレベルに合った仕事を探しなさい。たとえそれが石割りであったとしてもである

——ジェームス・ギャンブル（P&G創業者）

この仕事は自分には向いていないとわかっているなら、無理をしてしがみ続けることはない。せっかく入った一流企業だからとか、人に自慢できる職種だからという理由だけで自分に合わない仕事をしても我慢から才能は生まれない。

077

本人がそれを楽しんでいるかどうかが最高のパフォーマンスをするための重要なカギだ

——シュガーマン（スポーツ心理学者）

サッカー日本代表で10番を背負う中島翔哉選手が一貫しているのは、「自分が楽しくプレーする」純粋な姿勢だ。アスリートだけではない。好きこそモノの上手なれではないが、楽しんでやることで自然に上達するのである。

078

志を立てた以上、迷わず一本の太い仕事をすればいい

――豊田佐吉（トヨタグループ創業者）

「志」という言葉は心が方向を決め、そこを目指すという意味の「心指す」が語源だという。目指す方向が決まれば、根を生やし、やがては太い幹になるまで懸命に取り組むだけだ。世界のトヨタの産みの親の言葉には野太さがある。

079

背伸びして視野を広げているうち、背が伸びてしまうということもあり得る。それが人生のおもしろさである

――城山三郎（小説家）『アメリカ生きがいの旅』

子どもが背伸びをしていると、親や教師は「まだ早い」などと注意することがある。でも、本気で大人ぶっているうちに中身も伴ってくるものだ。保身をはかってばかりで、意気がりを忘れてしまったオトナよりずっと可能性がある。

080

人生は10段変速の自転車のようなもの。自分が持っているものの大半は使っていない

——チャールズ・シュルツ（アメリカの漫画家）

スヌーピーでおなじみの『ピーナッツ』の作者の言葉である。誰でもポテンシャルは持っている。問題は、自分のそれを信じることができるかどうかだ。人生は平たんな道ばかりはない。ときに悪路や急な上り坂、下り坂がある。自分が持っている才能を信じられる人だけが、そのピンチをくぐり抜けることができる。

081

平凡なことを毎日平凡な気持ちで実行することが、すなわち非凡なのである

――アンドレ・ジッド（フランスの小説家）

とんでもない偉業を成し遂げる人が生まれつきの天才ばかりとは限らない。成功を収めた人たちの多くに共通する特性は、こうと決めた目標に向かってぶれずに淡々と毎日、努力を続けられることだ。一見すると誰にでもできそうな地味で泥臭い不断の努力こそが、もっとも達成するのが難しい偉業を育てるのである。

082

どんなに賢くっても、にんげん自分の背中を見ることはできないんだからね

――山本周五郎（小説家）『さぶ』

背中には、その人の特徴が表れていたりするものだ。でも、自分では見られない。その分、子どもは親の背中を見て育つ。ありがたいことに、親の自覚がないところを子どもたちはしっかり見てくれているのだ。

083

ごまかしで成功するよりも、堂々と失敗する方がよい

――ソフォクレス（古代ギリシャの悲劇作家）『ピロクテテス』

084

機会はどの場所にもある。釣り糸を垂れて常に用意せよ。釣れまいと思う所に常に魚あり

——オウィディウス（古代ローマの詩人）

085

まず紙の上に、自分の考えを書いてみよ。地図やシナリオは、挑戦への道しるべになる

——小林宏治（NEC元会長）

あの松下幸之助でさえ手をつけなかったコンピュータ事業を先取りし、NECを世界的なブランドに押し上げた功労者の言葉がこれだ。書くことで自分の夢や考えが顕在化するのは間違いない。自分の進むべき道に迷いが生じたら、まずは書いてみるのも手である。

会社で働くなら知恵を出せ。知恵のないものは汗を出せ。汗も出ないものは静かに去って行け

――土光敏夫（元経団連名誉会長）

石川島播磨重工や東芝の経営を立て直し、国鉄民営化などの行政改革に取り組み、実生活の清貧ぶりから「メザシの土光さん」と呼ばれた。一見、厳しい言葉に思えるが、裏を返せば自分のできることで会社に貢献せよということでもある。

086

薔薇はなぜという理由もなく咲いている。薔薇はただ咲くべく咲いている。薔薇は自分自身を気にしない。人が見ているかどうかも問題にしない

――アンゲルス・シレジウス（ドイツの宗教詩人）『瞑想詩集』

087

088

生き残るのは、最も強い種でも、最も知的な種でもない。最も変化に対応できる種が生き残るのだ

——チャールズ・ダーウィン（イギリスの自然科学者）

こだわりを持つのはいいことだが、自我を押し通すばかりではいけない。いろいろな意見に耳を傾け、いいものは取り入れていくという謙虚な気持ちを持ち続けたい。不器用な人ほど、柔軟さはいくつになっても大きな武器になるはずだ。

089

青年は未来があるだけでも幸福である

――ニコライ・ゴーゴリ（ロシア帝国の小説家）『死せる魂』

090

誰でも生まれながらの才能を持っています。問題となるのは、それを見つけるまで行動できるかどうかなんです

――ジョージ・ルーカス（アメリカの映画監督）

スポーツ選手はよく「もってる」と言うが、誰もが平等に持っているのが才能である。でも、自分の才能なんて何が才能なのかわからないというのが本音だろう。そんなときは、一歩引いたところで新しいことにチャレンジしてほしい。挑戦することを続けていると、自分の意外な才能に気づくはずだ。

4章 弱い自分と向き合う

chapter four

コンプレックスとのつき合い方

苦手意識をコントロール

傷つきやすい自分を受け入れる

心を強くする

光るものも必ずしも

091 金ではない

――英米のことわざ

美人、金持ち、有名人…と、人の耳目を集めるというのは、どこかキラキラと輝いて見えるものだ。だが、その輝きがすべて本物かどうかはわからない。優越感と劣等感との境界線はじつは漠然としていて、その差はほとんどないという。外見や噂話だけで判断せず、ものごとの本質を見極める眼力を持ちたい。

092

自分の弱いところこそ、大事にいたわるのではなく、徹底的に鍛えることだ

——千代の富士貢（第58代横綱）

どんなにメンタルが強くて、体力的に自信があっても、ウィークポイントのひとつやふたつはあるものだ。力士としては小柄で、肩の脱臼癖があった千代の富士は、自分の弱点である肩周りを徹底的に鍛えてケガに負けない体をつくり上げ、優勝回数31回という大横綱になった。「できないからやりたくない」と逃げるのではなく、「あえて弱点に取り組む」と発想を変えてみてはどうだろうか。いつしか弱みが強みに変わってくるのが実感できるはずだ。

093

心を楽にする秘訣は弱みをさらけ出すことである

——空海（真言宗の開祖）

自分の短所や弱点を隠そうとすると、どうしても内向きになってしまい、自然体で人とつき合えなくなる。そんなときは、自分の弱みをさらっと笑い飛ばして、さらけ出すといい。弱みは強みに、そして長所に変えることができる。実際、世界的な成功者にはもともと内向型の人が多い。

094

不遇はナイフのようなものだ。刃をつかめば手を切るが、柄をつかめば役に立つ

――ハーマン・メルヴィル（アメリカの作家）

才能さえあれば世間から認められるわけではない。人もうらやむ優秀な人材でも、表舞台に立つことなく終わってしまうことは少なくない。でも、モノは使いよう、考えようだ。恵まれない状況にあるときこそ弱い自分と向き合い、人として大きな心をはぐくむことができる。

095

自分に欠けているものを嘆くのではなく、自分の手元にあるもので大いに楽しむ者こそ賢明である

――エピクテトス（古代ギリシャの哲学者）

096

青がないときは、赤を使えばいい

――パブロ・ピカソ（スペインの画家・彫刻家）

風景の絵を描こうとしたけれど、青い絵の具が切れているから空が描けない――。だったらもう一度、夕方に同じ場所に出かけてみるといい。青い絵の具は必要だろうか？　赤色の絵の具、グレーの絵の具でも空は描けるはずだ。

097

自分の持っているものを生かして、今いるところで、できることをやれ

――セオドア・ルーズベルト（第26代アメリカ大統領）

常に一歩前進することを心がけよ。停止は退歩を意味する

098

――野村徳七（野村證券創業者）

できないというのは許される。だが、しようともしないのは断じて許されない

099

――ヘンリック・イプセン（ノルウェーの劇作家）『ブランド』

泣くことをおそれるな。泣くことは、悲しみにあふれたあなたの心を解き放つ

100

――ホピ族の言葉

苦手意識をコントロール

101

技術の上手下手ではない。その心が人をうつのだ

――小澤征爾（指揮者）　世界的指揮者が持つ情熱はオーケストラのメンバーに伝わり、そのタクトから紡ぎ出される音は観客の心を打つ。どんなことにも当てはまるが、技術的に優れている人なら山ほどいるが、それに裏打ちされた技術を使い、より高いステージに上がるには、人のありようがモノをいうのだ。

102

どうして君は他人の報告を信じるばかりで、自分の目で観察したり見たりしないのですか

――ガリレオ・ガリレイ（イタリアの天文学者・物理学者・哲学者）

103

いまは「ないもの」について考えるときではない。「いまあるもの」で、何ができるかを考えるときである

――アーネスト・ヘミングウェイ（アメリカの小説家・詩人）　自分が置かれた状況を嘆いてみても、言い訳になるだけで何の解決にもならない。それよりも、いまあるものに目を向け、いまの自分に何ができるかを考えてみよう。持っているものを創意工夫し、自分にもともと備わった才能を最大限に生かすことが苦手意識を克服するコツだ。

104

無知を恐るるなかれ、偽りの知識を恐れよ

――ブレーズ・パスカル（フランスの哲学者・数学者）

だからね、
疲れたら「疲れた」って
言えばいいし

傷つきやすい自分を
受け入れる

105

つらいときは泣いてもいいんじゃない？

――日高万里（漫画家）『ひつじの涙』

笑いは、ココロにもカラダにもいいことは周知のとおりだ。体の免疫力が上がるうえ、ＮＫ細胞が活性化する。しかし、それと同じくらい「泣く」ことにもリラックス効果がある。とかく男性は何事も我慢しがちで、おしゃべりが苦手な人が多い。苦しいときは、人目をはばからず大泣きしてみませんか。

106

機械じゃあるまいし、まちがったっていいのよ

――フジ子・ヘミング（ピアニスト）

もっとも怖いのは、ミスをすることよりもミスを恐れるあまり何もしないことだ。フジ子・ヘミングは、過酷な人生を歩んだ遅咲きのピアニストで、むしろミスタッチ（演奏中に音をはずすこと）を肯定している。実際、1音2音はずしたところで彼女の音楽性は失われるどころか、みごとに表現されている。

107

自分自身に対して100パーセント率直になって、欠点から目をそらさずに正面から向かい合い、欠点以外のものに磨きをかけるのです

――オードリー・ヘップバーン（アメリカの女優）

自分の欠点と正面から向き合えるようになると心がすうっと軽くなる。不思議なもので、人にあれこれ言われていちいち怒ったり悲しんだりすることもなくなる。自虐的になる必要はないが、そういう自分もひっくるめて愛してみたい。

108

毎日、自分の嫌いなことを二つずつ行うのは、魂のためによいことだ

――サマセット・モーム（イギリスの小説家・劇作家）

このフレーズのポイントは「魂のためによい」という部分にある。嫌なことや苦手なことは避けて通りたいものだが、あえて困難なことに立ち向かっていけば、それが精神的な強さを養う糧となる。

109

苦しみが残していったものを味わえ！苦難も過ぎてしまえば甘美だ

――ヨハン・ヴォルフガング・フォン・ゲーテ（ドイツの詩人・劇作家）『格言集』

何かを成し遂げようと思ったら苦労は避けて通れない。しかし、その苦しみの末に手にしたものは、まさにわが子のように愛おしい。後になって振り返れば、そんな苦しさの中で考えたからこそ、受ける喜びはひとしおだろう。

110

私は辛抱することによって、不運をまぬかれているのだ。他人と争わざるを得ないときはいつも、私は相手がくたびれるのを待つことにしている

――ジェイ・グールド（アメリカの資本家）

将棋には、自陣の守りを固めてから勝負に出る「持久戦」という戦法がある。風向きが悪いなと感じたら何も焦ることはない。相手が消耗するのを待ってから攻撃を仕掛けるというのもある意味、積極的な戦術というわけだ。

あなたが倒れたことは
どうでもいいのです。
私はあなたが立ち直ることに
関心があるのです

111

――エイブラハム・リンカーン（第16代アメリカ大統領）

何度ダウンしても立ち上がるボクサーの姿に観衆は魅了される。それは、いくら打ちのめされてもくじけない不屈の精神に心を揺り動かされるからである。倒れたままならそこで試合はおしまいだが、ファイティングポーズをとる限り、勝者になる可能性は残されている。倒れても倒れても、また立ち上がればいい。

112

雨は一人だけに降り注ぐわけではない

――ヘンリー・ワーズワース・ロングフェロー（アメリカの詩人）

113

人の心はパラシュートのようなものだ。開かなければ使えない

――ジョン・オズボーン（イギリスの劇作家）

どうしても心を開けないときは、この言葉を思い出してほしい。飛行機から飛び出して、パラシュートを背負ったまま急降下していくのは恐怖でしかない。でも、パラシュートを開くことで落ちていくスピードはゆっくりになり、風にのって鳥になることができる。

114

三振するかもしれない、なんて絶対に考えてはいけない

――ベーブ・ルース（元メジャーリーガー）

ピンチに見舞われたときこそ、自分を鼓舞し、果敢に挑戦したい。「三振するかもしれない」などと絶対に考えなかったベーブ・ルースは、こうしてアメリカ野球の神様といわれるヒーローになったのかもしれない。

115

どうして自分を責めるんですか？他人がちゃんと必要なときに責めてくれるんだからいいじゃないですか？

——アルベルト・アインシュタイン
（理論物理学者・ノーベル物理学賞受賞者）

この独特の言い回しは、努力家で有能だった反面、しばしば〝変人〟とも揶揄されたアインシュタインのものである。不安があるとき、人はどうしても自虐的になりがちだ。しかも、自己否定の思考パターンはクセになりやすい。自力ではどうにもならないことに関しては、むしろ開き直ってしまったほうが道が早く開ける。

116

枝の先まで
なぜ行かないのですか？
果実があるのは、
そこなのですよ

——ウィル・ロジャース（アメリカのコメディアン・俳優）

木の枝は先に行くほど折れやすくなるので、そこまで身を乗り出すのは危険である。だが、価値のあるものはそんな勇気と決断が必要となる場所にこそある。カウボーイから一躍スターコメディアン、そして俳優へと駆け上がり、次々とチャンスをものにしてアメリカの国民から愛されたウィル・ロジャースが自らの体験から得たメッセージだ。

人生で学んだすべては三語にまとめられる。それは「何があっても人生には続きがある」(It goes on)ということだ

――ロバート・フロスト(アメリカの詩人)

「これで終わりだ…」と思っても、人間は自身の手で人生にピリオドを打つことはできないし、また、そうしてはならない。どんなにつらいことがあっても「明日は明日の風が吹く」くらいの気持ちで続きをまた歩けばいい。

117

人生において、もっとも堪えがたいことは、世の経験を積んだ多くのひとびとのことによると、悪天候がつづくことではなく、雲一つない日が続くことなのである

――カール・ヒルティ(スイスの法学者・哲学者)『幸福論』

苦労を知らないで生涯を終えるのはうらやましいような気もするが、それでは真の幸福は手に入らない。台風一過の青空が素晴らしいのを知らないのは不幸だということだ。

118

119

プロでミスしたシュート9000本
負けたゲーム約300
ウイニングショットをはずしたこと26回
いままでミスしてきた
何度も、何度も、何度も
だから、おれは成功する

——マイケル・ジョーダン（アメリカの元バスケットボール選手）

バスケットボールの神様といわれるマイケル・ジョーダンが、失敗を繰り返すことで打たれ強くなっていったのがよくわかる。失敗したら落ち込むのではなく、「よし、これで強くなれる」と自分に言い聞かせることだ。

120

決断せよ。そして、
いったん決心したことは必ず実行に移せ

——ベンジャミン・フランクリン（アメリカの政治家・気象学者）

chapter five

5章 能力を上げる

努力を続けるむずかしさ

苦しくなったら

できることが増えると

なぜ成長が必要か

努力を続けるむずかしさ

121

多くの人は大きな幸せを待つ間に、小さな喜びを取り逃がしてします

――パール・バック（アメリカの作家）

SLが走る栃木県の真岡鉄道で「きれいに咲いている菜の花を踏みにじって何も感じないのでしょうか？」という一文が話題になったことがある。一部の鉄道ファンが撮影に夢中になり、菜の花を踏み荒らしてしまったのだ。大きな成果を望むとひっそりと佇む菜の花の存在を忘れてしまうこともある。足元の小さな幸せにも気づけるようになりたいものだ。

122

人間の幸福というのは、めったにやってこないような、大きなチャンスではなく、いつでもあるような、小さな日常の積み重ねで生まれる

――ベンジャミン・フランクリン（アメリカの政治家・気象学者）

123

英雄とは自分のできることをした人だ。ところが凡人はそのできることをしないで、できもしないことを望んでばかりいる

――ロマン・ロラン（フランスの作家）

124

何かをつかむためには、何かを変えないといけない

——宮本恒靖（ガンバ大阪監督）

居心地がいい場所ほど留まりたくなるものだが、〝安全地帯〟を抜け出してこそつかめるものがある。たとえば、デスクを変えるだけでも、仕事の能率や勉強の質が上がっていくのが実感できる。ときには環境にのまれてしまうことがあっても、自分の中で何かが変わるはずだ。

125

千日の稽古を鍛とし、万日の稽古を練とす

——宮本武蔵（剣術家）

126

人生は書物のようなものだ。愚かな人は雑な読み方しかしないが、賢い人たちは丹念な読み方をする

——ジャン・パウル（ドイツの小説家）『角笛と横笛』

127

一日一日を大切にしなさい。毎日のわずかな差が、人生にとって大きな差となって現れるのですから

——ルネ・デカルト（フランスの哲学者・自然学者・数学者）

苦しくなったら

128

障子をあけてみよ 外は広いぞ

——豊田佐吉（トヨタグループ創始者）

目の前のことでいっぱいいっぱいになっていると、いま見えているものだけが世界のすべてだと思えてしまう。しかも、その空間がどれほど広くても閉鎖的に見えてしまうのだ。一見、八方ふさがりのように思えるが、それは自分の手で扉を開けていないだけだ。

129

一番の上達方法は、
実践でたくさん投げることです。
経験を積んで、考えながら
やるのが一番伸びるのです

――山本昌（元プロ野球選手）

現役生活32年を誇った元中日の山本昌投手は、公式戦581試合に登板し、5万球以上の球を投げてきた。上達するのに「近道」という道はない。ひたすら努力を続けることがもっとも確実な近道だ。頭の中であれこれ考えている暇はない、迷ったら実践あるのみだ。理屈はそれからいくらでもついてくる。

ほとんどの人は、
後のことを考えて、
自分の力を
1%以上残しているものなんだ。

130

でも、チャンピオンになる人は、最後の1%を躊躇なく使い切る

——クリス・カーマイケル（アメリカのスポーツコーチ）

クリス・カーマイケルはアメリカのスポーツコーチである。この言葉を裏づけるように、アスリートだけでなく、成功した企業経営者の多くが「余力は残さない」という趣旨の発言をしている。苦しいときこそ全力でぶつかる——。そうしないことには結果を出せるはずもないのである。

131

人生には「灰の時」と「炎の時」がある。なすべき何事もない時は、何もなすべきではない

——アンリ・ド・レニエ（フランスの詩人・小説家）

何をやってもダメなときは、あえて動かないという選択肢もある。急いてはことをし損じるではないが、ここは「流れ」に身を任せながら次のチャンスに備えよう。苦し紛れが一番よくない。同じことをデルコンピュータの創業者であるマイケル・デルも言っている。『すること』それを決めることは簡単である。難しいのは『しないこと』を決めることだ」と。

132

功を奏するとどめの一撃などない。小さなステップの積み重ねだ

――ピーター・A・コーエン
（シェアソン・リーマン・ブラザーズ元会長）

成功に一発逆転という決め手はない。コツコツと地道な努力を重ねていくしかないのだ。さまざまな情報を収集し、細かく分析することで情報コンサルタントとしての名声を得たコーエンはそれをよくわかっていたのだろう。発明王のエジソンも「天才とは、1％のインスピレーションと99％の努力でつくられる」と語っている。

133

何かやりたくないことがあったら、毎日必ずそれをやることだ。これが、苦痛なしに義務を果たす習慣を身に付けるための黄金律なのだ

――マーク・トウェイン（アメリカの小説家）

『トム・ソーヤの冒険』で知られるアメリカの小説家マーク・トウェインは、本国では〝名言王〟と呼ばれるほど多くの言葉を残している。ウィットに富んだこのフレーズも、いかにも彼らしいモノの考え方である。嫌なことも習慣化すれば何でもなくなるという、ユニークに生きるヒントだ。

134

釣れないときは、魚が考える時間を与えてくれたと思えばいい

――アーネスト・ヘミングウェイ（アメリカの小説家・詩人）

小説『老人と海』の中で語られる一文は、仕事と時間に追われる疲弊した現代人には新鮮に響く。繁盛していた店の売り上げが落ちたり、前線の部署から閑職へ飛ばされたり、人生にはままならないときもある。焦燥に駆られることはない。これは天が与えてくれた次のステップへの準備期間だと考えて、泰然としてチャンスが訪れるのを待とう。

135

これをやっていれば幸せということ、誰でもひとつ、あります。それを探しなさい。それを見つけて仕事にしたら、きっと幸福ですよ

――淀川長治（映画評論家）

自分の周りにいる人達をぐるっと見まわしてほしい。運動が得意な人、楽器を弾くのが上手な人、数学が好きでも国語は苦手という人…。すべてで高得点を取ることに血眼になる必要はない。どんな些細なことでもいいから、人には負けない、これだけは自慢できることを探してみよう。それがあなたの一生の仕事になれば幸せだ。

136

物事をとことんまで突き詰めると、勘の当たりがよくなるような気がする

――小柴昌俊（物理学者・ノーベル物理学賞受賞者）

「勘の当たりがいい」というと、棚からぼた餅的な運のよさを感じるかもしれないが、この言葉の重要性は前半にある。〝当たり〟を引き寄せるには、そこに至るまでの努力と経験の積み重ねがモノをいうということだ。

137

自分の力量に見合った仕事を求めてはならない。仕事に見合った力量を求めるべきである

――フレデリック・ブルックス（アメリカのコンピュータ科学者）

今の自分に満足し、見合ったことをしていれば楽だが成長しない。たとえ、困難でも失敗する可能性があっても、より高いレベルに挑戦すれば、それが血となり肉となる。やがては難しいと思えていたことも楽にこなせる力量が身につくはずだ。

138

人に魚を与えれば一日で食べてしまうが、人に釣りを教えれば一生食べていける

――老子（古代中国の哲学者）

新しいことを始めるのは怖くない。怖いのは、新しいことを始めなくなることだ

139

――マイケル・ジョーダン（アメリカの元バスケットボール選手）

小さな子どもは初めてのことでも躊躇なくやろうとする。でも、大人になるにつれ、新しいことを目の前にしても足踏みをするようになる。バスケットボールの神様は一流になってもチャレンジし続けた結果、そう呼ばれるようになった。

人は、教えることを通じてもう一度学ぶ

140

――ジョセフ・ジュベール（フランスの哲学者）

141

二本ある手のどちらかは誰かの為に使えるように

——永六輔（作詩家・放送作家）『「無償《ただ》」の仕事』

人は何のために学び、働くのか。生きるため？ それとも自分の好きなことをしたいから？ 『上を向いて歩こう』など、多くのヒット曲を作詞した永六輔さんは、「二本ある手のどちらかは誰かのために使えるように」が口ぐせの父親と一緒に、小さいころからボランティアをすることが身近にあった。自分のためだけに学び、働くのもいいだろう。でも、少しだけ心に余裕を持って、もう一方の手を誰かのために使ってみては。

142

高く登ろうと思うなら、自分の脚を使うことだ。高い所へは、他人によって運ばれてはならない。人の背中や頭に乗ってはならない

――フリードリヒ・ニーチェ（ドイツの哲学者）

第三者の力を借りて目的を達成したとしても、それはすでに誰かが到達した地点だ。より前に、より高くめざすためには、自力で突き進むしかない。自分の脚で一歩一歩、着実に歩みを進めていくその道が、前人未到の頂点に続いている。

143

これで十分、という考えはあらゆる進歩の敵だ

――ジョン・ヘンリー・パターソン（NCR創業者）

レジスターやATMを扱ってグローバル企業を生み出した創業者は、「満足したらそこで終わり」と言いたいのだろう。変化なくして成長なし。自分で線を引いたら、歩みはそこで止まるのである。

人間は働きすぎてだめになるより、休み過ぎてサビつき、だめになることのほうがずっと多い

――カーネル・サンダース（ケンタッキー・フライドチキン創業者）

彼がKFCのフランチャイズビジネスを成功させたのは60歳を過ぎてから。15歳で社会に出てから45年間、彼はじつによく働き、たゆまぬ努力を重ねてきた。だからこそ、世界中の舌を虜にするオリジナルチキンが生まれたのだ。

144

いつも同じ行為を反復していて、嫌気のささない者は幸せである。われわれが在るもので満足しているというのは、よほど愚鈍な、しみったれた愚見をもっているにちがいない

――ギ・ド・モーパッサン（フランスの作家）『水の上』

やや厳しい物言いだが、人間の満足に対するハードルの低さを嘆いている。人によっては、いまある暮らしで満足しているという意見もあるだろう。だが、より高みを目指すのであれば人間は貪欲で、利己的であってもいいのだ。

145

146

よくするものがすべて手に入りつつある時は警戒せよ。肥えゆく豚は幸運なのではない

――ジョウル・チャンドラ・ハリス（アメリカの著作家）

人生の絶頂期は面白いようにことが運び、すべての人から尊敬と羨望のまなざしが向けられる。そうして、そのわずかな間に本来の自分を見失ってしまう。ピークの後には必ず下り坂がある。食べたいだけ食べて太った豚がある日、突然市場に売られるように、警戒心を失ったときに人生の下り坂は突然やってくる。

147

未熟なうちは成長する。成長すれば、あとは衰えるだけだ

――レイ・クロック（マクドナルド創業者）

「未熟」と聞けばマイナスなイメージを抱きがちだが、見方を変えれば伸びしろがあるということ。成熟し現状維持に必死になると、それ以上の成長より下落を食い止めようと躍起になる。未熟であることはむしろ強みなのだ。

148

成長していないなら、死にかけているんだ

――ウォルト・ディズニー（ウォルト・ディズニー・カンパニー創業者）　これはまだ26歳だったディズニーが発した言葉だ。彼はまた「会社を足踏み状態にしておきたくないのです。我々が今まで反映してきたのは、リスクを承知で常に新しいものを試みてきたからです」とも語っている。現状維持に甘んじることなく、前を向いて歩いてきた彼ならではの信念が感じられる。

149

世界とは一冊の本であり、旅に出ない者は同じ頁ばかり読んでいるのだ

――アウグスティヌス（古代キリスト教の神学者）『断片』

150

一日練習を休むと自分でわかる。二日休むと批評家にわかる。三日休むと聴衆にわかってしまう

――イグナツィ・パデレフスキ（ポーランドのピアニスト・元首相）

挑戦する

6章

chapter six

チャレンジがもたらすもの

不安と向き合う

挑戦する気持ちを呼び覚ます

一歩踏み出す勇気

151

私はいつも自分のできないことをしている。そうすればできるようになるからだ

――パブロ・ピカソ（スペインの画家・彫刻家）

苦手な分野や自分の能力を超える仕事を任されたとき、「できません」と断ることは簡単だ。だが、とうてい無理だと思っていたことができたときには逆にそれが新たな強みと自信につながっていく。尻込みせず、何にでもチャレンジするほうが自分の可能性を広げていけるのだ。

152

勇気はすべての景色を変える

——ラルフ・ワルド・エマーソン（アメリカの思想家）

つらいとき、自信のないときというのは周囲の景色がきまって暗く陰鬱なものに見える。でも、それは現実の景色ではない。ちょっとだけ勇気をもって気持ちを切り替えてほしい。すると、今まで目にしていた漆黒の世界が色鮮やかに変わるはずだ。それが本来の、あなたが見るべき世界だ。

153

選んではならぬ。ひとつの立場を選んではならぬ。ひとつの思想を選んではならぬ。選べば、君はその視座からしか、人生を眺められなくなる

――アンドレ・ジッド（フランスの小説家・ノーベル文学賞受賞者）

ノーベル文学賞を受賞した小説家の言葉は、人生の偏りをなくして見聞を広めよ、という教えである。自分の思考をよりしなやかで、強靭なものにするには、自分の知らない価値観を受け入れる〝すき間〟を残しておいたほうがいいということだ。

154

決断力のない君主は、多くの場合、中立の道を選ぶ

――ニッコロ・マキャヴェッリ（イタリアの政治思想家）

どちらかに決められないから、とりあえず真ん中を選ぶという人は少なくない。だが、リーダーが決断しない組織の行方が暗いものになるのは歴史が示す通りだ。個人の選択も同じ。〝決断〟こそが、新たな道を切り拓く。

155

時には踏みならされた道を離れ、森の中に入ってみなさい。そこでは、きっとあなたがこれまでに見たこともない何か新しいものを見出すに違いありません

――アレクサンダー・グラハム・ベル（イギリスの科学者）

156

自分で薪を割れ、二重に温まる

――ヘンリー・フォード（フォード・モーター創業者）

寒いときは自分で薪を割れば体温も上がるし、割った薪の火で体を温められる。自ら率先してやっかいごとを引き受ければ労力を使うが、その過程を経ることでしか得られない貴重な経験と結果が身につく。見習いの機械工から世界有数の自動車会社の創業者となったヘンリー・フォードならではの至言である。

157

この世で変化ほど不変に存在するものはない

——ジョナサン・スウィフト（アイルランドの作家・随筆家）
『精神の働きについての小論』

不変とは「変わらないこと」だが、この世に変わらないものなど何もない。ただ唯一、「変化する」ことだけはいつの世も変わらず存在する。よく変わることも、悪くなることも、意味もなく変わることもあるが、いずれにしても変わるものなのだから、どう変化するかを見極めて自分の進むべき道を考えたい。

自分が出したアイデアを、少なくとも一回は

158

人に笑われるようでなければ、独創的な発想とはいえない

——ビル・ゲイツ（マイクロソフト創業者）

聞けば誰もが納得するような企画を提案する人は、たしかにデキる人だ。しかし、誰もが納得できるアイデアというのは押しなべてオーソドックスであり、面白みもなければ世間をあっといわせる斬新さもない。それよりも一見独りよがりで、非現実的なアイデアこそ世の中を一気に変えるパワーを秘めていたりする。

私は、
失敗を恐れたことがないのよ。
よいことは必ず

159

失敗の後にやってくるものだから

――アン・バクスター（アメリカの女優）

「やっちゃった！」「しくじった」ら、この言葉を念じて立ち上がってほしい。「これ以上、落ちることはない」「失うものは何もない」となれば、その先に待っているのは、いいことばかりに決まっている。さんざん言い尽くされてはいるが、「ピンチのあとにチャンスあり」は確かだ。

160

努力をする限り、人間は迷うものだ

――ヨハン・ヴォルフガング・フォン・ゲーテ（ドイツの詩人・劇作家）
『ファントム』

161

明日について心配するな。
今日何が起きるかさえ
分からないのだから

――『タルムード』

ユダヤ経の聖典『タルムード』に記された一節。紀元70年に起きたローマ帝国軍とのユダヤ戦争によって故国をなくし、中東世界に離散することを余儀なくされたユダヤ人にとっては重い言葉だったに違いない。この先に起こるかもしれないことにおびえることなく、今日という現実を乗り越えたい。

162

私は楽観主義者である。しかし私はレインコートを持っていく楽観主義者だ

——ジェームズ・ハロルド・ウィルソン（イギリスの元首相）「晴れた日こそ傘をさせ」というが、万が一のための傘やレインコートはたしかに役に立つときがくるはずだ。備えあれば憂いなし。真の楽観主義者というのは、万全なプロセスを大切にする。確実に成功するために、常に失敗することを想定内に繰り入れているからだ。

163

失敗することを恐れるよりも真剣でないことを恐れたほうがいい

——松下幸之助（パナソニック創業者）失敗も成功も、行動したことのただの結果のひとつにすぎない。だから、失敗すれば成功するようにやり直せばいい。でも、真剣に取り組まなければ何度やっても失敗したまま。何の成果も残せずに時間切れとなってしまう。

164

迷ったときには、10年後にその決断がどう評価されるか、10年前ならどう受け入れられたかを考えてみればよい

——鈴木治雄（昭和電工元会長）何か物事を決断するときの判断材料として胸にとどめておきたい言葉だ。その決断は10年後、どう評価されるか。10年前だったらどうだろうか、と長い射程の中でとらえ直すことで迷いを断ち切ろう。

度胸が欲しければ、
恐ろしくて手が出ないことに
挑んでみることだ。

挑戦する気持ちを
呼び覚ます

165

これを欠かさずにやり続けて、成功の実績を作るのだ

――デール・カーネギー（アメリカの評論家・作家）

この言葉は、まさに荒野の開拓者の心得のようなものだ。誰も手を出さないことに挑んでこそ、誰も手にできない成功を手にすることができる。他よりも先んじるにはそれほどの貪欲さが必要なのだ。ちなみに、彼の名著『人を動かす』は、あらゆる自己啓発本の原点となっている。

166

私はアップルの経営をうまくやるために仕事をしているわけではない。最高のコンピュータを作るために仕事をしているのだ

――スティーブ・ジョブズ（アップル・コンピュータ元ＣＥＯ）

ビジネスや勉強で、ＴｏＤｏリストやアイデアノートのようなツールを使用している人は多いが、それにこだわるあまり、いつの間にかツールづくりが目的になっている人がいる。あなたも毎日のルーチンで本分を忘れていないだろうか。すべての人にハッとする〝気づき〟を与える言葉だ。

167

成功するための最善の方法、それはもう一度試みることである

――トーマス・エジソン（アメリカの発明家）

エジソンは電球を発明するのに1万回失敗した。しかし、他人からそのことを指摘されるとこう答えた。「私は1万回失敗したのではない。うまくいかない方法を1万通り発見しただけだ」。誰もがエジソンのようになれるわけではないが、このポジティブな発想を真似することはできる。失敗を成功に変えるには、失敗だらけの挑戦をし続けるしかないからだ。

ああ、野心をもつということはたのしいものだわ。こんなにいろいろと野心があって、うれしいわ。かぎりがないみたいだけど、そこがいいのよ。ひとつの野心を実現したかと思うと、また、別のが、もっと高いところにかがやいているんだもの。人生が、とてもはりあいのあるものになるわ

――L・M・モンゴメリ（カナダの小説家）『赤毛のアン』

168

ランプがまだ燃えているうちに、人生を楽しみたまえ。しぼまないうちに、バラの花を摘みたまえ

――マルティン・ウステリ（スイスの詩人）

人生はランプの灯のようにはかなく、いつ枯れるともしれないバラの花のように頼りない。だからこそ、この一瞬を思う存分に謳歌し、後悔のないように楽しんで生きることが大切なのだ。

169

170 卒業証書を捨てよ

——出光佐三（出光興産創業者）

社会に出たら、学生時代に学び、積み重ねたことはいったんリセットすべきである。卒業証書を捨てて、イチからリスタートするくらいの気持ちで臨むほうが大事を成すことができる。今なお、日本の根底にある学歴社会に一石を投じた言葉だ。

171

自分が行動したことすべては取るに足らないことかもしれない。しかし、行動したというそのことが重要なのである

──マハトマ・ガンジー（インドの政治家・思想家）

非暴力をスローガンに掲げたインド独立の父・ガンジー。この言葉は自身の激動の人生の根幹にあるものだったのだろう。自分ひとりが行動したところで何も変わらないことは多い。だからといって何もしないのは、結果的に問題意識すら持たない人間と同じである。まず、その重い腰を上げること。たとえ小さなアクションでも行動を起こすことに意味があるのだ。

172
始まりはすべて小さい

――マルクス・トゥッリウス・キケロ（古代ローマの政治家）

173
行動することは
必ずしも幸せを
もたらすわけではない。
しかし、
行動のないところに
幸せはない

――ベンジャミン・ディズレーリ（イギリスの政治家・作家）

174
やったことは、たとえ失敗しても、
二十年後には、笑い話にできる。
しかし、やらなかったことは、
二十年後には、後悔するだけだ

――マーク・トウェイン（アメリカの小説家）

175
人間、志を立てるのに
遅すぎるということはない

――スタンリー・ボールドウィン（イギリスの政治家）

176

一生懸命にやって勝つことの次にいいことは、一生懸命にやって負けることなのよ

――L・M・モンゴメリ（カナダの小説家）『赤毛のアン』

177

「いつの日か」は永遠には訪れない

――ヘンリー・ジョージ・ボーン（イギリスの出版業経営者）

178

あなたが、ほかの人々に求める変化を自分で行いなさい

――マハトマ・ガンジー（インドの政治家・思想家）

179

朝は、前の晩より賢い

――ロシアのことわざ

180

創造は難しく、模倣はやさしい

――クリストファー・コロンブス（イタリアの航海者）

I can't
do it

チャンスをつかむ

7章

chapter seven

好機を逃さない

チャンスをつかめる人

ピンチのときは…

行動を起こす

かの時に
言ひそびれたる

181

大切な言葉は今も胸にのこれど

——石川啄木（詩人）『一握の砂』

これは成就しなかった恋の詩だが、勇気を振り絞れなくてみすみすチャンスを逃してしまったときには後悔の念に責め苛まれることがある。やってしまったときの後悔は直後にやってくるが、やらなかったときの悔しさは人生の最期にしみじみと訪れる。でも、そのときにはもうリカバリーする余力も時間も残っていないのだ。

182

雨降らば雨もよし、風吹かば風もよし、それに適従し、それを楽しむ自分を常に作り上げる

――吉川英治（小説家）

誰だって苦手なことや、気の進まないことがある。じつは、それは単なる食わず嫌いで、騙されたつもりでやってみたら意外と楽しかったということはよくある。こんな「いっちょ、話に乗ってみるか」的な経験を積み重ねている人は、柳のようにしなやかで、ちょっとやそっとでは折れたりしない。

扉が閉じたらもうひとつの扉が開く。
だが、閉じられた扉を悔しそうにじっと見つめていては、
別の扉が開いたことにきづかない

——アレクサンダー・グラハム・ベル（イギリスの科学者）

183

機械は魚群と同じだ。はまったからといって
網をつくろうとするのでは間に合わぬ

——岩崎弥太郎（三菱財閥創業者）

184

じっとしていれば、つまずく心配はない。
足を速めれば速めるほど、
つまずく可能性は大きくなるが、
どこかにたどり着く可能性も大きくなる

——チャールズ・ケタリング（アメリカの科学者・発明家）何も行動しなければ、安穏な人生を送れるかもしれないが、向上は望めず、達成感や充実感とも縁遠い、味気ない人生になるだろう。一方で、行動を起こせば傷ついたり失敗するリスクも増えるが、それを乗り越えて何かを勝ち得たときの収穫は実り多きものになる。

185

186 奇貨居くべし

——『史記』

チャンスは逃さずに大いに利用すべきだ、という意味の言葉である。好機をつかむには瞬発力が欠かせない。「これは！」と直感したら迷わず飛びついてみよう。見送ったら二度とそのチャンスは巡ってこないのだ。

187

チャンスは、準備ができている者のもとにやってくる

――ルイ・パスツール（フランスの科学者・細菌学者）

188

機会が二度、君のドアをノックすると考えるな

――セバスチャン・シャンフォール（フランスの詩人・劇作家）

189

機会はどの場所にもある。釣り糸を垂れて常に用意せよ
釣れまいと思う所に常に魚あり

――オヴィディウス（古代ローマの詩人）

190

成功の秘訣は他社の動向に気を取られないことだ

――ジェフ・ベゾス（アメリカの実業家）

ジェフ・ベゾスといえば、Amazon.comの共同創業者でＣＥＯ兼社長兼会長だ。他社の動向をチェックするのはビジネスの世界では当たり前のことだ。ところが、世界の流通を大きく変えたアマゾンの創業者は、そんなことに気をとられるなという。他社の動きを気にしすぎたり、追随しているようではビッグ・ビジネスはものにできないのだ。

191

私は特別な人間ではない。強いていうなら普通の人よりもちょっと努力しただけだ

――アンドリュー・カーネギー（アメリカの鉄鋼王）

アメリカの鉄鋼王が成功の秘訣を尋ねられた時の言葉だ。貧しい家庭に生まれ、苦労をしながらもアメリカの鉄鋼生産の70％以上を独占するまでにのし上がることができたのは、愚直な努力にほかならないことがわかる。

192

成功者のすべては、小さな思いつきを馬鹿にしなかった人たちである

――藤原銀次郎（実業家）

どんなにくだらない小さな思いつきも、まずはとことん掘り下げ、追求してみるといい。誰もが馬鹿らしいと素通りしていることにこそ、またとないチャンスが眠っていることがあるからだ。経営不振に陥っていた会社を日本一の製紙会社にまで再建した、製紙王・藤原銀次郎ならではの名言である。

193

明確な目的を定めたあとは、執念だ。ひらめきも執念から生まれる

――安藤百福（日清食品創業者）

安藤百福といえば、いわずと知れた「チキンラーメン」と「カップヌードル」の生みの親である。戦後、安藤はある信用組合の理事長になるが、資金繰りに行き詰まり倒産する。個人資産のすべてを弁済に充て、自宅の裏庭に建てた小屋で再起をかけてインスタントラーメンの研究を始めたが、何度も失敗を繰り返した。しかし、その執念がひらめきを生み、世界初の〝魔法のラーメン〟を誕生させたのである。

194

事業は金がなければできないが、正しい確たる信念で裏づけられた事業には、必ず金は自然に集まってくる

――三島海雲（カルピス創業者）

「金」という部分は、人や信用に置き換えることもできる。三島海雲は、健康のために乳酸菌を広めようと決意して開発を進めていくが、その中で生まれた強い信念が結果的に金も人も動かした。石油王と呼ばれたロックフェラーも「金持ちになりたい一心から出発しても成功しない。志はもっと大きく持つべきだ」と進言する。働くことの基本的なスタンスは、今も昔も変わらない。

195

人間、
自分ひとりでできることには限界がある。
だけど、人と力を合わせると、不思議なことに
不可能も可能に、夢も現実になっていく。
だから出会う人を大切にするんだよ

——衣笠祥雄（元プロ野球選手）

元広島カープの衣笠祥雄氏は、連続試合出場の日本記録を持ち、「鉄人」と呼ばれた。彼はこうした偉業を自分ひとりの功績ではなく、チームメイトや家族、そして周囲の人々に支えられて成し遂げられたことだと言うのだ。誰しもひとりだけで生きていくことはできない。いくら才能があっても、努力を重ねても、ひとりの力ではどうにもできない限界がある。奢らず、謙虚な気持ちで周囲に協力を求め、みんなと力を合わせていくことで、困難な道のりも前進することができるのだ。

196

大事なのは、
勝ちたいという気持ちではない。
それは誰でも持っている。
大事なのは、
勝つための準備をすることだ

――ポール・ブライアント（全米大学フットボールコーチ）

『あなたの潜在能力を引き出す20の原則と54の名言』

「サッカー選手になりたい」という子どもは世界中にたくさんいるが、その夢をかなえられるのはほんの一握りでしかない。潜在能力を引き出すには、持ち前の才覚に加えて、そのためにどれだけの努力をしたのかにかかっている。まさに血のにじむような努力をした結果、夢をつかんだのだ。

197

困るということは、次の新しい世界を発見する扉である

――トーマス・エジソン（アメリカの発明家）

パスカルは「人間は考える葦である」と言う。弱く、孤独な生物であっても考える力を持っているならばそれは素晴らしいことだ。つまり、困ったり悩んだりするのは、人間が生きている証。それを乗り越えれば新しい道が見えてくるはずだ。

198

軽い荷物にしてほしいと願ってはいけない。強い背中にしてほしいと願わなくてはならない

――フランクリン・ルーズベルト（第32代アメリカ大統領）

困難に遭ったときは、逃れる術を考えるのではなく、どうしたらその困難に耐えて乗り越えていけるかを考えるべきだ。もしその困難に打ち勝つことができれば、次の困難にも耐えられる強靭な心体が身につくだろう。

199

人を動かして説得しようとする者は、まず己が感動し、己を説得しなければならない

――トーマス・カーライル（イギリスの評論家）

誰かを説得するときに口先だけで言いくるめようとするとたいてい失敗する。その理由は単純明快で、説得力に欠けるからだ。自らが感動し、それを人に伝えたいと強く思わなければ、相手を納得させることなどできないのだ。

200

人々の五分の一は、どんな提案にも必ず反対するものだ

――ロバート・F・ケネディ（アメリカの元司法長官）

反対されることを気に病んだり、自分の軸がぶれそうになったときは、便宜的に「どんな提案にも必ず反対する」人がいると考えると肝も据わるだろう。

201

右手に円を書き、左手に方を書く、二つながら成らず

――韓非（古代中国の思想家）『韓非子』功名篇

右手で円（○）を描きながら、左手で四角（□）を描いてみてほしい。両方ともうまくできないはずだ。同時に二つのことを達成しようとしてどちらもできないのでは元も子もない。優先順位を決めるなり、どちらか一方に絞るなりしてみよう。

危機を目前にすると、気骨のある人は自分を拠点にして戦う

202

――シャルル・ド・ゴール（フランスの政治家）

ピンチのときこそ、その人の真価が問われる。とくにトップやリーダーが〝敵前逃亡〟をすると信用はガタ落ちになる。全責任は自分が負うというくらいの気概を持って臨むのが、今も昔もリーダーの絶対条件なのだ。

何事も小さな仕事に分けてしまえば、特に難しいことなどない

203

――レイ・クロック（マクドナルド創業者）

課題が大きすぎて、どこから手をつけていいかわからない――。こんな状態になったとき、ただ茫然としていてもラチが明かない。大きすぎるなら小さく細分化してしまえばいい。それらを一つずつ、ていねいに片づけていくのだ。それがもっともシンプルで確実な攻略法である。

204
悪魔は絵にかかれた姿ほどおそろしくはない
——イタリアのことわざ

205
未来はいくつかの
名前を持っている。
弱者にとっては「不可能」。
臆病者にとっては「未知」。
考え深く勇気あるものに
とっては「理想」
——ヴィクトル・ユーゴー
（フランスの小説家・詩人・政治家）

206
もともと地上に
道はない。
歩く人が多くなれば、
それが道となるのだ
——魯迅（中国の作家・思想家）『故郷』

207
人生の出発は、つねにあまい。
まず試みよ。
破局の次にも、春は来る
——太宰治（小説家）

208

賢明に世渡りせよ。だが、世渡りの専門家にはなるな

――フランシス・クワールズ（イギリスの詩人）

209

チャンスのドアをノックしていても、
ほとんどの人が気づかないのは、
チャンスがたいてい作業服を着ていて、
骨の折れる仕事のように見えるからだ

――トーマス・エジソン（アメリカの発明家）

210

道は近しといえども、行かざれば至らず。
事は小なりといえども、為さざれば成らず

――荀子（古代中国の思想家・儒学者）

211

使いすぎると
いけないものが3つある。
それはパンのイースト、
塩、ためらい

――『タルムード』

212

貧者は昨日のために今日働き、富者は明日のために今日働く

――二宮尊徳（農政家、思想家）

8章 失敗したら

chapter eight

失敗とは

逆境に追い込まれた

立ち直れそうもない

挽回する

皆さんはこれからの人生において
必ず失敗することがあるはずだ。
成功することもあるだろうが、
成功よりも失敗が多いにちがいない。

213

しかし失敗に落胆してはいけない。
失敗に打ち勝つことが
大切なことなのだ

——大隈重信（政治家・早稲田大学創設者）

214

人間の目は、失敗した時にはじめて開くものだ

――アントン・チェーホフ（ロシアの劇作家）

215

「失敗」とは転ぶことではなくそのまま起き上がらないこと

――メアリー・ピックフォード（サイレント映画時代の女優）

ひとつ失敗したからといって、自分を落ちこぼれだと決めつけるのはやめてほしい。「転んでもタダでは起きない」くらいのしたたかさを身につけておけば、少々のことではへこたれなくなる。残念なのは、そのまま凹んでしまうことだ。

216

小さな支出に気をつけなさい。小さな水もれがおおきな船を沈めることになる

――ベンジャミン・フランクリン（アメリカの政治家）

フランクリンと同じことを三菱の基礎を築いた岩崎弥太郎も「汲み出す一升より漏る一滴」とたとえている。樽の底からポタリと落ちる一滴に注意していないと、家計が破たんしかねないという蓄財の要諦だ。高額の出費より日々の小さな浪費に気をつけよと戒めていた岩崎だからこそ、莫大な財産を築き上げることができたのだろう。小さなミスや慢心を繰り返さないことが大切だ。

217

ただ一回の愚行は愚行ではない。愚行はそれがくりかえされるがゆえに愚行となる

――亀井勝一郎（文芸評論家）『人生論・幸福論』

「愚行」を「間違い」に置き換えて読んでみてほしい。間違えることはけっして恥ずかしいことではない。しかし、同じ誤ちを何度も繰り返すのは学習をしていないのと同じことだ。やり方を変えてみたり、工夫をしなくては、短い人生はあっという間に過ぎてしまう。

218

人生で犯しがちな
最大の誤りは、
誤りを犯さないかと
絶えず恐れることだ

――エルバート・ハバード（アメリカの作家）『ガルシアへの手紙』

219

それ自体の不幸なんてない。自ら不幸と思うから不幸になるのだ

――ミハイル・アルツィバーシェフ（ロシアの作家）『サーニン』

220

たとえ空一面が雲に覆われていたとしても、太陽はその向こうでいつも輝いている

――ヘンリー・ワーズワース・ロングフェロー（アメリカの詩人）

221

「もうダメだ！」と思ったときが、「頭一つ抜け出す」とき。気を抜くな

――ロッド・レーバー（オーストラリアの元テニスプレーヤー）

222

もし、越えねばならない暗い谷間が一つもなかったら、山頂に立つ喜びは半減されるでしょう

――ジャン・パウル（ドイツの小説家）『角笛と横笛』

逆境に陥ったら、思い出せ。
飛行機は向かい風があって
飛び立てるのであって、
追い風に運ばれるわけでは
ないのだ

223
――ヘンリー・フォード
（フォード・モーター創業者）

寒さにふるえたものほど
太陽のあたたかさを感じる。
人生の悩みを
くぐったものほど、
命のとうとさを感じる

224
――ウォルト・ホイットマン
（アメリカの詩人・ジャーナリスト）

人生は学校である。
そこでは幸福よりも不幸の方がよい教師である

225
――ウラジミール・フリーチェ（ロシアの評論家）

226

失敗をしない人間は、多くの知っておくべきことを知る機会を失う

――ジョン・ワナメイカー（アメリカの実業家）

「失敗は成功の母」というが、失敗の数は挑戦することを与えられた数だと思えばそんなに落ち込むことはない。失敗はしないよりも、して得るもののほうが大きいからだ。ただ、そこで学び、きちんと次につなげられるか。それができてはじめて「成功の母」となるのである。

227

どんな困難な状況にあっても、解決策は必ずある。救いのない運命というものはない。災難に合わせて、どこか一方の扉を開けて、救いの道を残している

——ミゲル・デ・セルバンテス（スペインの作家）『ドン・キホーテ』

絶望の中に一縷の望みを残したこの言葉は、物語の主人公であるドン・キホーテに作者自身の体験を重ねあわせることで生まれたものだ。セルバンテスは海賊に囚われたり、思いがけぬ罪で投獄されたりと、波乱万丈の人生を歩んでいる。そのたびに自らを奮い立たせていたに違いない。世の中にはわが身に降りかかる不運を嘆いてばかりいる人も多いが、希望を持ち続ければ「救いのない運命というものはない」のがわかるはずである。

228

君の心の庭に忍耐を植えよ、その根は苦くともその実は甘い

――ジェーン・オースティン（イギリスの小説家）

種を蒔いてすぐに収穫できる実はない。その間には水や肥料をやったり雑草を抜いたりと手間もかかる。だが、そのおかげで実は熟しておいしくなるし、収穫したときの喜びもまたひとしおだ。人間も同じである。

229

つらいならつらいと声にすればよい。そうすれば胸が軽くなる

――フリードリヒ・フォン・シラー（ドイツの詩人・劇作家）

つらいことがあったとき、グッとこらえることはいい。でも、それは別の角度から見たら、己の強さを過信しているだけで心は悲鳴を上げているかもしれない。

230

過ぎ去ったことを悔やむのはやめましょう。もうページはめくられてしまった

――アンドレ・ジッド（フランスの小説家）『狭き門』

誰にでもやり直したい過去というものはあるものだ。しかし、どんなにやり直したくとも、誰も過去へ戻ることはできない。いつまでも後悔し、過去にとらわれていると、事態は何も変わらないうえ、それだけで人生が過ぎてしまう。どんな人間であれ、前を向き、次へ進むしか道はないのだ。

231

自分のことしか頭になく、不幸の原因をくどくど考え続けているかぎり、その人はいつまでも悪循環から脱出することはできない。脱出したいと思うなら、何事かに真剣な関心をよせるしかない

――バートランド・ラッセル（イギリスの哲学者）『幸福論』

何をしても多少の人間関係のトラブルはつきものだ。でも、何が起きても「自分は悪くない」とかたくなだと、状況は悪化の一途をたどることになる。自分の身に起きたことは自分にも原因があると受け入れて、正面切って堂々と向き合うこと。その覚悟が自分を強くするのだ。

232

成し遂げようと決めた志を、たった一度の敗北によって捨ててはいけない

――ウィリアム・シェイクスピア（イギリスの劇作家）

233

もう終わりだと思うのも、さあ始まりだと思うのも、どちらも自分だ

——フェデリコ・フェリーニ（イタリアの映画監督）

思い切ってチャレンジしたのに大惨敗…。さあ、どんなことがあなたの頭をよぎっただろうか。「ダメだ、もう終わりだ…」、それとも「次は絶対にうまくいく！」だろうか。どう感じ、どう行動するかでその後の人生は違ってくるはずだ。

解決策がわからないのではない。問題がわかっていないのだ

234

――ギルバート・キース・チェスタートン（イギリスの作家・批評家）

イギリス生まれの作家によるストレートな指摘である。八方ふさがりで手も足も出ないときは、もう一度原点に立ち返るといい。解決できないともがいていても、じつは問題点そのものが明確になっていなかったりするものだ。

「なりたかった自分」になるのに、遅すぎることなど決してないのだ

235

――ジョージ・エリオット（イギリスの作家）

236

失敗の言い訳をすれば、その失敗がどんどん目立っていくだけです

――ジョージ・エリオット（イギリスの作家）

237

人間は運命に対して無駄な抵抗をする

――アンリ・ド・レニエ（フランスの詩人・作家）

強い引き波のことを「離岸流」という。これに巻き込まれた人は、たいてい波に逆らって岸に戻ろうとするが、そうするとますます沖へ流されてしまう。この場合は無理に戻ろうとせず、岸と平行に泳いで引き波から逃れるしかない。フランスの詩人の言葉のように運命にあらがうことが無駄なのであれば、離岸流から逃れるかのごとく、別ルートを模索するのも一案だろう。

238

勝者はどんな問題にも解答を見つけ、敗者はどんな解答にも問題を見つける

――ロバート・アンソニー（アメリカの心理学者）

重箱の隅をつつくように物事の問題点を見つけ出し、批判ばかりする人に限って問題解決のために行動を起こすことができない。重要なのはアラ探しをすることではない。問題の原因は何か、どうすれば解決できるのかを考え行動することだ。

239

ギアをバックに入れないように

――リチャード・カールソン（アメリカの作家・心理療法士）

ネガティブ思考の人に共通するのは、過ぎたことをいつまでも思い悩む心の弱さである。とはいえ「ポジティブにならなくちゃ！」という考え方は、心理学的には逆効果だ。ギアがバックにさえ入っていなければ車は後退しないのと同じで、過去を振り返らなければ自分自身が後戻りすることはないのである。

240

「効率」という言葉はよくない。「創造性」という言葉を使うべきだ

――ジャック・ウェルチ（ゼネラル・エレクトリック元ＣＥＯ）

今の世の中は何にでも効率化が求められる。だが当然、その弊害もある。そこで、伝説の企業家が持ち出したのが「創造性」だ。そつなくこなすことを目的とするなら機械と同じ。クリエイティブな感性を発揮してこそ、人間なのである。

241

戦の勝利は最後の五分間にある

――ナポレオン・ボナパルト（フランスの皇帝）

戦は終盤をいかに戦い抜くかが明暗を分ける。勝負師・皇帝ナポレオンは最後の５分間にこそ真の戦いがあることを知っていたのだろう。何事も最後まで諦めるなという教えである。

242

冬来たりなば春遠からじ

――パーシー・ビッシュ・シェリー（イギリスの詩人）『西風に寄せる歌』

243

事実がわかっていなくても前進することだ。やっている間に事実もわかってこよう

――ヘンリー・フォード（フォード・モーター創業者）

9章 自信を育てる

chapter nine

人と比べてしまうとき

自分の強みは

自信を持てない

真の自信とは

人と比べてしまうとき

244
かけがえのない人間になるためには、つねに他人と違っていなければならない

——ココ・シャネル（シャネル創業者・ファッションデザイナー）

レディー・ガガは周りがみんな「Google で働きたい」と口にするなか、「Google で検索される人になりたい」と夢見ていたという。ココ・シャネルもまた同じ感覚の持ち主である。たとえそのときは賛同者がいなくても、個性は武器になる。もっといえば、短所を長所にすることも可能なのだ。

245
ある人に合う靴も、別の人には窮屈である。あらゆるケースに適用する人生の秘訣などない

——カール・グスタフ・ユング（スイスの心理学者）

小説に描かれている人物の考え方や行動には、生きるヒントが散りばめられている。だが、そのまま取り入れては意味がない。分析心理学の創始者であるユングも言っているように、あらゆるケースに適応する人生の秘訣などないのだから、自分とは異なった人生観を積極的に取り込み、自分の生き方にフィードバックさせてみよう。

246
自分のことを、この世の誰とも比べてはいけない。それは自分自身を侮辱する行為だ

——ビル・ゲイツ（マイクロソフト創業者）

自分の周りにいる人たちを見回して、「うらやましい」と感じて息苦しくなったことはないだろうか。うらやましさの要因は、その容姿かもしれないし、自分を取り巻く環境なのかもしれない。でも、誰かと比べるということは、これまでの自分を否定することでもあり、それこそ、もったいないことである。

247
誰もが世界を変えようと思うが、自分を変えようとは誰も思わない

——レフ・トルストイ（ロシアの文豪）

リーダーシップは人気コンテストとは異なる

248

——マーシャル・ゴールドスミス（アメリカの経営コンサルタント）

その方向に進むべきだと考えたら、嫌われようが邪魔をされようが突き進む。反対する人たちを無視するというのではない。なぜ、自分はそうすべきだと考えるのか、それによって、どんな未来が切り開かれるのか、真摯に向き合って説得する——。対立を乗り越えたところに真のリーダーシップは育まれるのである。

ほとんどすべての愚かな行為は、似ても似つかぬ人たちを真似しようとするところから生まれてくる

249

——サミュエル・ジョンソン（イギリスの文学者）

なんにも後悔することはない。自分が負ければ向こうが勝つ。神様から見れば同じことだ

250

——澤木興道（曹洞宗僧侶）

長い人生から考えれば、その時々の勝ち負けなどは些細なことに過ぎない。勝った人を羨み、負けたことを後悔してくよくよと思い悩んでいても人生は好転しない。勝負に一喜一憂するのではなく、自分の目標をしっかりと定め、着実に歩を進めていくことが人生にとっては大切なのだ。

251

足ることを知る者は富めり

――老子（古代中国の哲学者）

諦めずに、さらに高所を目指すハングリー精神が人を向上させることもある。ただ、欲求が叶えられなければ、いつまでたっても心は不均衡状態に陥ったままだ。現状に満足できるというのも心の健康を保つ上では大切なことなのだ。自分にできていることは認めて満足し、そこから新たな努力を重ねていけばいい。

252

ものさしは外部ではなく自分の内部にこそある

――新井満（作家）『ひとみの夏休み』

ものさしは、使い勝手のいい文房具のひとつだ。もしあなたがいまより個性的な人間になりたかったら、自分の中に「自分のものさし」を持つべきだ。すると、周囲に流されない独自の考えや、モノの見方が身についてくる。

253

ウソをつかない力、ウソをつかないで生きる力は、自分の中で鍛えていくことのできるものだと思います

――大江健三郎（作家・ノーベル文学賞受賞者）『「新しい人」の方へ』

現実と向き合う勇気がないから、人はウソをつく。でも、ウソでその場をやり過ごしたとしても、ウソをついたという事実はいつまでも記憶に残り、自分を苦しめ続ける。そんな自分と決別するには、「潔く生きる」と固く決意すること。人は「決意」で自分を変えることができる。

254

誰かの真似をして英雄・偉人になった者などは史上には一人もいない

――サミュエル・ジョンソン（イギリスの文学者）

255

改革者が一番に自分を変革するのサ

――勝海舟（幕末～明治の政治家）

最初に言い出した人が、結局担当させられるハメになるのが「言いだしっぺの法則」だ。何かを変えたかったら、まず自分が変わらなくては物事は進まない。自分が変わることで、周囲の人にも影響を与えることができるからだ。

256

金持ちになるには、貧しい家に生まれることである

——アンドリュー・カーネギー（アメリカの鉄鋼王）

コンプレックスを持つことはけっして悪いことではない。自分に備わっていないものを補おうとして、必死でがんばれる原動力になるからだ。13歳のときに両親とともにスコットランドからアメリカに移住し、「鉄鋼王」と呼ばれるまでに成功を収めたカーネギーも、おそらくそれを実感していたに違いない。

野心は、それ自身は
悪徳だろうが、
しばしばそこから

257

いろいろな徳が生まれる

──クインティリアヌス（古代ローマの修辞学者）『弁論術教程』

身の程をわきまえないような大きな望みを野心というが、使い方によっては活力にもなる。そこへ達しようと努力を積み重ね、大胆にチャレンジしていくのはけっして悪いことではない。その過程でどれだけ自分が成長できるかが大事なのである。

現在正しいと考えられていることでも、
数年後には間違っていることが
証明されることもあるでしょう。
逆に現在間違っていると

258

考えられていることでも、後世には正しいと証明されることもあるのだ

——ライト兄弟（アメリカの飛行機の発明者）

間違っていると世の中から非難されながら、後に正しかったと証明されたできごとは、ガリレオ・ガリレイが唱えた「地動説」のようにいくつもある。たとえ周囲から猛反発にあっても、自分が正しいと思ったことは主張し続ける勇気を持ちたい。

もしも心がまえを変えたいなら、まず行動を変えなければならない。つまり、自分がこうありたいと思っている人物をできるだけうまく演じるようにすれば、やがて年と共に臆病な自分は消えていく

――ウイリアム・グラッサー（アメリカの精神科医）

人間とは面白いもので、ある役割を演じているうちに自然とそれができるようになる。なりたい自分をイメージして演じ続ければ、それはやがて本物になるのだ。

259

ミステークを気にしていたら革新できない。打率三割といえば強打者だが、それは10のうち7までがミステークだったということだ

――アルフレッド・スローン（ゼネラルモーターズ元会長）

元メジャーリーガーのイチロー選手は打率について「4割を意識するのではなく、6割の失敗は許す」と言っていたことがある。人と違うことをしたいなら、ある程度のミスは想定内だと最初から心がけていれば慌てることもない。

260

261

ネアカ。ネアカこそは
神が人間に与えたもうた最高の武器である。
ほんとうにそう思う。
人間、何十年の人生の中で何度かくるよ、ピンチが。
でかいの、中ぐらいの、ちっちゃいの。
土壇場、崖っぷちで乗り切るのは
ネアカだと思うのね

——財津一郎（俳優）

自分がネアカかどうかを知るには、逆境をどう乗り越えるかでわかる。たとえば、自信がないからただ時間が過ぎるのを待つのか、それともダメもとでいいからアクションを起こしてみるのか。ちなみに、後者ならネアカの可能性大だ。経営不振に陥っていたアサヒビールの売り上げを日本一にした元社長の樋口廣太郎は、「大きい声を出して、いつも元気にニコニコしていれば、たいていのことはうまくいく」と超ネアカだ。

262

どんなものでも、何かの役に立つんだ。
たとえば、この小石だって役に立っている。
空の星だって、そうだ。君もそうなんだ

——映画『道』より　イタリアの映画監督、フェデリコ・フェリーニの代表作『道』で、虐待を受けていたヒロインにかけられた言葉がこれだ。辛い状況にあると、自分の存在価値がないと思ってしまいがちだが、どんな人にも、どんな境遇であっても、必ず必要とされていることを忘れてはいけない。

263

恐怖は常に無知から生ずる

——ラルフ・ワルド・エマーソン（アメリカの思想家・哲学者）

264

人間はいかに円くとも、どこかに角がなければならぬもので、
余り円いとかえって転びやすいことになる

——ローベルト・コッホ（ドイツの細菌学者）

真の自信とは

265

グリーンエッジとバンカーの両方にボールがあった場合、自分のボールは絶対にバンカーの中

――アーノルド・パーマー（アメリカのプロゴルファー）

攻めのゴルフで一世を風靡した彼が自虐的に語った言葉だが、その裏にはそれでも自分のスタイルを貫き通すという信念が隠されている。たとえリスクが大きくても自分のやり方を信じる。ここ一番ではそんな芯の強さがものをいう。

266

きょうの我にあすは勝つ

――美空ひばり（歌手）

不等式で表すと、今日の私＜明日の私、ということ。毎日同じ仕事しかしなくても、積み重ねた経験がスキルとなって身についていく。だったら、ちょっとだけ頑張ってみれば、明日は今日よりも確実に大きな自分になれるはずだ。

267

人を相手にせず、天を相手にせよ

——西郷隆盛（幕末〜明治の政治家）『大西郷遺訓』

西郷どんの遺訓をまとめた一冊からの一文。日本には、古くから悪いことをすると「お天道様がみている」と戒める文化がある。天を普遍的な存在だとするならば、人間は置かれた立場やその人の心持ちでコロコロ変わる可変的な存在だ。維新のときの西郷どんのように、信念を持って行動しなくてはならないとき、周囲に流されるのだけは戒めたい。

268

小売業で成功したから、「満塁ホームランを狙う！」というヤツは失敗する。小さな改善を毎日積み重ねるしか手はないんだ

——藤田田（日本マクドナルド創業者）

満塁ホームランを狙って当たればいいが、空振り三振の可能性のほうが大きい。目標達成への確実な手段は「小さなことからコツコツと」が基本。いきなり大きな成果を出そうとして大振りするのではなく、それよりは地道な努力が大事だという教えだ。日本マクドナルドをファストフード界の雄に押し上げた名物社長の言葉である。

269

失敗という選択肢はない

――ユージン・クランツ（元NASA主席飛行管制官）

この言葉の主は、NASAの管制室で飛行主任を務めていた人物である。失敗は成功のもとであるのは間違いないが、アポロ宇宙計画のような人命がかかっているときなど、場合によっては絶対に失敗が許されない局面もある。失敗できない状況のなか、極限の緊張感を持ちながらもふだん通りに結果を出せるか。これが勝負の分かれ目なのである。

270

疑わしいことを問うのを恥じるな。過ちを正されるのを恥じるな

――デジデリウス・エラスムス（オランダの人文主義者）

271

人々はみな有用なものが役立つとはわかっていても、無用なものが役立つことをしらない

——荘子（古代中国の思想家）

272

最初に人が習慣をつくり、それから習慣が人をつくる

——ジョン・ドライデン（イギリスの詩人・劇作家）

273

ダイヤモンドは粘り強く仕事をした一片の石炭である

——トーマス・エジソン（アメリカの発明王）

10章 壁にぶつかったら

chapter ten

思うように進まない

つまずきから立ち上がるために

乗り越えられそうもないときは

転機をチャンスに

274

人生は石材なり。これに神の姿を彫刻するも悪魔の姿を彫刻するも、各人の自由である

――エドマンド・スペンサー（イングランドの詩人）

人生にどんな像を彫刻するかは本人しだいだ。何が起きても、それを神の仕業にするのではなく自分の責任で考える。運命は自分の手にあるということだ。中国の文学者・林語堂も「私たちの人生は神の手にゆだねられているのではなく、料理する人間にゆだねられている」と語っている。

275
トボトボ歩きが競争に勝つ

――イソップ（古代ギリシャの寓話作家）『寓話集』

とぼとぼと歩いていても、結局は地道に前に進んでいった者が最後に勝つという『ウサギとカメ』の教訓。急ぎ足になっても息切れしたり、慌てて道に迷ったりするよりも、ゆっくりでもいいから確実に歩を進めるほうが得をするのだ。

276
現実は常に公式からはみ出す

――ジャン・アンリ・ファーブル（フランスの生物学者）

近道はもちろんしたいです。
簡単にできたら楽なんですけど、
でもそんなことは、一流になるためには
もちろん不可能なことですよね。

277

一番の近道は、遠回りをすることだっていう考えを、いまは心に持ってやってるんです

――イチロー（メジャーリーガー）『イチロー×矢沢永吉 英雄の哲学』

近道だからと危険な道を通って、痛い目に遭ったという経験はないだろうか。「急がば回れ」ということわざもあるように、目的地にたどりつきたいなら、遠くても確実に歩みを進めるほうが結局は近道になることもある。それは人生も同じだ。思うように進まないときほど、回り道をするほうがいい。

新しいことをやれば、必ず、しくじる。腹が立つ。
だから、寝る時間、食う時間を削って、何度も何度もやる。
そうするうちに、しくじらないコツというものがわかってくる。
しくじりの屍を乗り越えるうちに、それをよけることもわかってくる

278

――本田宗一郎（本田技研工業創業者）

企業の面接担当者は、失敗談をより多く持っている応募者に興味を持つという。というのも、その失敗を後にどう活かしたかを聞きたいからだ。とかく誰もが失敗を恐れがちだが、大事なのはそれで何を得たかである。

成功とは、失敗に失敗を重ねても
情熱を失わない能力のことだ

279

――ウィンストン・チャーチル（イギリスの元首相）

諦めの悪さはマイナス要素としてとらえがちだが、チャーチルが言うようにけっして諦めずに情熱を持ち続けた結果が勝利につながることがある。ヒルトンホテルの創業者であるコンラッド・ヒルトンも「成功する人は前進し続ける。失敗もするが、途中で投げ出すことはない」という言葉を遺している。

焦ることは何の役にも立たない。後悔はなおさら役に立たない。焦りは過ちを増し、後悔は新しい後悔をつくる

280

――ヨハン・ヴォルフガング・フォン・ゲーテ（ドイツの詩人・劇作家）

回り道が近道のことがある。それが人生だ

281

――牧野昇（元三菱総合研究所会長）

自分の人生をグーグルマップのようなもので確認できれば、いま歩いている道が近道なのか、まわり道なのか、それとも迷い道なのかがわかるかもしれない。でも、何でもかんでも先回りして知ってしまったら、ぜんぜんつまらない。思いがけない幸運に出くわすサプライズがいつどこで待っているかがわかってしまうからだ。「先がわからない」から人生はおもしろい。不安もワクワクも半分ずつあるからエキサイティングなのだ。

勘違いしちゃいけないのは
下に落ちるっていうのが
進化してないということではないんですよ
下に落ちるのも、

282

次に昇るための変化かもしれない 昇るために、 落ちることが必要なこともある

――本田圭佑（プロサッカー選手）

本田選手ほど実績のあるプレーヤーでも、海外のクラブではスタメンは約束されない。ベンチ外に追いやられることも茶飯事だ。それでも、彼はそうした状態は「後退ではない」と言い切ってきた。たしかに、高く跳ぶためには身を低くしてかがまなくてはならない。高く跳ぶことが「進化」だとすれば、一度低い態勢をとることは進化に必要な基本動作である。せっかくだから、どうかがめばより高く跳べるのか、これに頭を使ってみてはどうだろう。

283

空を見上げて。下を向いていたら、虹を見つけることはできないよ

——チャールズ・チャップリン（イギリスの喜劇王）

テーブルの上に置いてある自分の手をじっと眺めていたり、歩きながら自分のつま先を目で追っていたり…。自分の中に湧き起こるさまざまな思いと戦っているのはわかる。ただ、この内なる戦いはけっして悪いことではない。とことん自分と葛藤してみることで、いままでにないものが見えてくることもある。でも、ずっと下を向いて考えてばかりいると、目の前に現れたチャンスに気づくことができない。もし、それがいま悩んでいることの解決の糸口になるものだったとしたら、もったいない話だ。

284

つま先だけは、いつも夢の方向に向けておこう

――上田誠仁（山梨学院大学陸上競技部監督）

いったん挫折をすると、つい下を向いてしまう。心が大きなダメージを受けたときはそれもやむなしだ。でも、ずっとそのまま地面ばかりを見ていたのでは、前に進むことはできない。心の整理がついたらしっかりと目の前にある道の先を見据えたい。

285

スランプを切り抜ける途も、やはり稽古の一道しかない

――双葉山（第35代横綱）

誰でもスランプに陥った経験があるはずだ。脱出するには稽古しかないと説くのは昭和の名横綱・双葉山。ある心理学者は「苦しいから逃げるのではない。逃げるから苦しくなる」と逆接する。結局、逃げ出せばスランプは延々と続くのである。

286

つまずきは、転落を防いでくれる

――イギリスのことわざ

一生懸命に問題を解いて答えを間違えても、その答えは消さないでほしい。なぜ間違えたのか、原因がわからないからだ。結果として事前につまずいておけば、その先に待ち受ける大きな失敗を未然に防げるだろう。

287

フィードバックが凡人を一流にする

――ピーター・F・ドラッカー（オーストリアの経営学者）

スポーツ選手の試合後のインタビューでは、一流の選手ほど「今日うまくできなかったところは、次回までに修正していきたい」と口をそろえる。結果を踏まえたうえで修正をするというのは、一流になるための必須の作業なのだ。

288

海のほか何も見えないときに、陸地がないと考えるのは、決してすぐれた探検家ではない

――フランシス・ベーコン（イギリスの哲学者・政治家）『学問の進歩』

努力していても成果が表れず、迷ったり悩んだりすることがある。しかし、もう少し進んでいけば陸地が現れるかもしれないし、方向を変えたらそこに新天地が待っているかもしれない。広い視野と物事を冷静に見ることが重要だ。

限界を決めるのは心だ。心が何かをやれると思い描き、自分がそれを100%信じることができれば、それは必ず実現する

乗り越えられそうもないときは

289

——アーノルド・シュワルツェネッガー（アメリカの政治家・俳優）

アスリートが引退するとき、多くはメンタルに原因があるという。自分で限界を感じたときには、体もついていかなくなっているからだ。裏を返せば、気力が充実していればやり遂げられる可能性がある。前向きな気持ちさえあれば、足は自然と前に出るのだ。

災難は人間の真の試金石である

290

——ジョン・フレッチャー（イギリスの劇作家）

日本は自然災害の多い国だ。自然が人間を試しているわけではないだろうが、そのたびに復興に励み、必死で街を立て直そうとする人がいる。自分が困難に陥ったとき、どうか、その力強い姿に思いをはせてみてほしい。

一歩踏み出せるなら、もう一歩も踏み出せる

291

――トッド・スキナー（ロッククライミングの第一人者）

大変なのは、はじめの一歩を踏み出すことだ。何だかんだと言い訳をして逃げずに、まず一歩、踏み出してみよう。歩いているうちに、立ち止まっていた自分の姿はすでに見えなくなっているはずだ。

どうか思い出して。厳しい冬の雪の下で耐える種こそが、太陽の恵みを受け、春になれば薔薇になる

292

――アマンダ・マクブルーム（アメリカの歌手）

植物もそうだが、動物たちも冬眠をしながら春の到来を待ちわびる。冬の間、雪の中でじっと耐えていれば、いつしか若葉が森を覆い始めるのを知っているからだ。心が痛むことがあっても、春の陽が当たるようになれば傷心にも芽が吹くはずだ。

できない、もうこれでいい。やるだけやった、と言うな。これでもやり足りない、いくらやってもやり足りないと思え。一心不怠に努力すれば、努力した分だけ必ずよくなる

293

――大山梅雄（実業家）

昭和31年に日出製鋼（のち東洋製鋼）の社長になり、同社をはじめ、17社を再建した名実業家によれば、一心不乱に努力すれば、その分だけ報われるという。限界を感じてからが本当の勝負なのである。

自分ひとりで石を持ち上げる気がなかったら、二人がかりでも石は持ち上がらない

294

――ヨハン・ヴォルフガング・フォン・ゲーテ（ドイツの詩人・劇作家）

やる気のない人間が何人集まっても戦力にならない。逆に強い意志や信念があれば、たとえひとりでもとてつもない力を発揮する。どんなに困難な目に遭おうが、まずは他人に頼らず、ひとりでやり通す気概を忘れないようにしたい。

295

ひとりで見る夢は、それは夢にしか過ぎない。しかし、みんなで見る夢は現実となる

――エドゥアルド・ガレアーノ（ウルグアイのジャーナリスト・作家）

くじけそうになったときや、心を奮い立たせたいときに参考にしたい言葉だ。ひとりではできないことでも、仲間と力を合わせれば不可能も可能になる。チームスポーツがスター選手だけでは勝つことができないのと同じで、メンバー全員の力が集結されるからこそ勝利を呼び込めるのだ。

296
アタマは低く、アンテナは高く

——鈴木三郎助（味の素創業者）

297
希望と恐れは切り離すことはできない。裏表の関係だ。恐れのない希望もなければ、希望のない恐れもない

——フランソワ・ド・ラ・ロシュフコー（フランスの文学者）

298
およそ人の行いには潮時というものがある。うまく満潮に乗りさえすれば運は開ける

——ウィリアム・シェイクスピア（イギリスの劇作家・詩人）『ジュリアス・シーザー』

299
風波はつねに優秀な航行者に味方する

——エドワード・ギボン（イギリスの歴史学者）

300
どんな小さなことも
人間の運命を
決定づけてしまう事柄に
かかわるかもしれないし、
「つまらないこと」のなかにこそ
神からの贈り物が
隠されていることがある

——アンドリュー・カーネギー（アメリカの鉄鋼王）

人生が自分に配ったカードは、
ただ受け入れるしかない。
しかし、手もとに来たカードの使い方を決め、
勝機をつかむのは自分自身である

——ヴォルテール（フランスの哲学者）

301

私たちは三つの教育を受ける。
ひとつは両親から。
もうひとつは校長から。
そして残りのひとつは社会から
教えられる。
そして、この三番目は、初めの二つの
教えにすべて矛盾するものである

——モンテスキュー（フランスの啓蒙思想家）

302

自らが多数の側に
回っている覚えがあれば、
改善の時と言えよう

——マーク・トウェイン（アメリカの小説家）

303

下足番を命じられたら、
日本一の下足番になってみろ。
そうしたら、
誰も君を下足番にしておかぬ

——小林一三（阪急東宝グループ創業者）
豊臣秀吉もそうだが、小林もまた銀行マン時代に「下足番を命じられた」経験を持つ。見栄えのいいポジションにこだわってばかりいると、かえって望む仕事から遠ざかりかねない。むしろ、誰もやりたがらない仕事に懸命に取り組むことで、見えてくるものがある。明治生まれの大実業家が残した箴言だ。

304

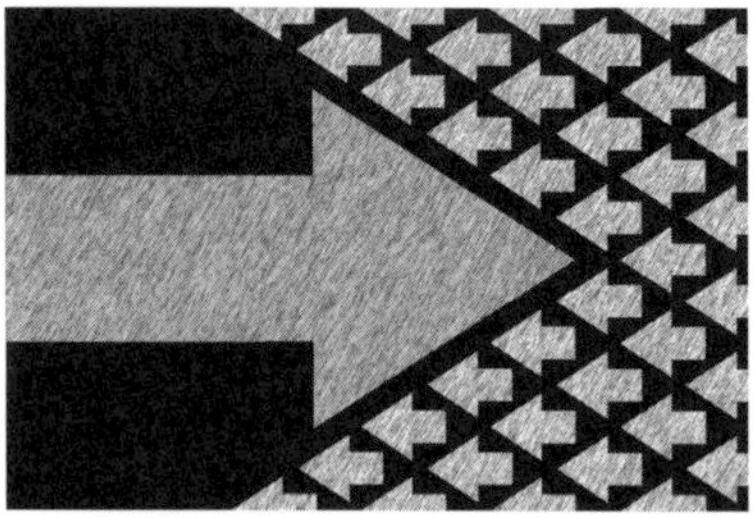

chapter eleven

11章 音をあげそうなとき

本当にもうダメ?

逃げ出したくなったら

苦しさに耐えられないなら

途方に暮れる前に

達成するまで
それは

305

不可能に見える

――ネルソン・マンデラ（第8代南アフリカ共和国大統領）

白人と白人以外を差別する人種政策「アパルトヘイト」が行われていた南アフリカ共和国で、黒人初の大統領になったのがネルソン・マンデラだ。その道のりはまさに苦難の連続である。国の政策に反逆した罪で27年に及んで投獄されたが、彼があきらめることはなかった。人種に関係なく、すべての人々がともに歩める理想の国をつくるために、獄中でも勉強を続け、大学の通信課程で法学士号を取っている。釈放後には、アパルトヘイトを撤廃したのはご存じの通りだ。不可能を可能にするのは、運でも奇跡でもない。あきらめずに自分を信じ、努力し続ける力なのだ。

人生でかんじんなのは、
どれだけ強いパンチが
打てるかではなく、

306

どれだけパンチを受けられるかだ

――シルヴェスター・スタローン（アメリカの俳優）

人生におけるパンチとは試練のこと。試練に立ち向かい、打ちのめされながらも起き上がる。何度も繰り返すことで、ちょっとしたことには動じない屈強な精神を手に入れることができる。逃げてばかりでは何も成すことができない。

イヤならやめろ！ただ本当にイヤだと思うほどやってみたか？

――堀場雅夫（堀場製作所創業者）

経営戦略において「適材適所」がなされているかどうかは、企業にとって死活問題となる。しかし、やってはみたもののやっぱり「向いてなかった」ということもある。そう感じ始めたら、この言葉を思い出してほしい。やりきってダメなら、辞めても後悔は残らないはずだ。

307

99パーセントの失敗は、言い訳を言うクセを持っている人々に起こる

――ジョージ・ワシントン・カーヴァー（アメリカの植物学者）

アメリカでピーナッツやサツマイモの研究を重ね、多くの功績を残したのがカーヴァーだ。言い訳がクセになっている人はあれこれ言い訳をするために行動し、言い訳をするために行動しないというおかしな矛盾をいつも抱えている。これではいつまでたっても機会はやってこない。

308

309
人生は道路のようなものだ。一番の近道は、ふつう一番悪い道だ
――フランシス・ベーコン（イギリスの哲学者・法学家）

310
井戸を掘るなら水の湧くまで掘れ
――石川理紀之助（秋田の篤農家）

311
雨垂れ石を穿つ
――『漢書』

312

勇気は筋肉と同じで、使えば使うほどきたえられる

——ルース・ゴードン（アメリカの女優）

歴史的な英雄も小さいころには弱虫だった人が少なくない。けれど、彼らに共通しているのは何度も勇気をふり絞ることを繰り返し、けっして逃げなかったことだ。誰もが生まれつき果敢なわけではない。臆病な自分とさよならするために、小さな勇気から鍛えなおしてみたい。

313

一貫して抜きん出るためには、忍耐が絶対に欠かせない。それが勝者と敗者を分ける唯一、最大の要因である

——ジャック・ニクラス（プロゴルファー）

ジャック・ニクラスといえば、「帝王」の異名を持つ史上最高のゴルファーのひとり。四大大会でトリプルグランドスラムを成し遂げた強者だからこそ、「忍耐」というワードには説得力がある。「忍の一字は衆妙の門」というように、辛抱を覚えれば何事も成し遂げられる。これはあらゆる状況に共通していえることだ。

314

つらいと思うことはあったよ。でも、いつしか休むことに罪悪感を覚えるようになる。するとつらくても起きるんだね

——法華津寛（馬術選手）

315

敵は67人のランナーではなく、私自身。その戦いに勝った

——アベベ・ビキラ（エチオピアの元陸上競技選手・金メダリスト）

裸足のマラソンランナーとして名をはせた、エチオピア出身のアベベの言葉である。同じように「敵は自分の中にある」といった主旨の発言をするアスリートは多い。逃げ出したくなるのは、まわりが強者だらけだからではない、それにおののいた自分の存在を認めたからだ。

人間は〝もう駄目だ〟と思ったところで終わるのでは進歩がない。もう駄目だ。しかし、本当に身になる練習はここから始まる

316

――君原健二（元陸上選手）『人生ランナーの条件』

「もうダメだ」と弱音を吐きたくなるときがある。でも、ため息をついてあきらめた瞬間に、それまで頑張ってきたことや築いたことが一気に崩れてしまう。そんなの、もったいないことだ。どうにか踏ん張って1歩を踏み出せ、とオリンピックに3大会連続出場した男子マラソン日本代表は励ましてくれている。

あちこち旅をしてまわっても、自分から逃れることはできない

317

――アーネスト・ヘミングウェイ（アメリカの小説家・詩人）

『老人と海』の代表作で知られるヘミングウェイの言葉である。彼は、旅をしてもけっして逃げ切ることができない自己の存在をつきつけられたのだろう。人はどんなときでも「自分」からは逃れられない。自分と向き合うことを恐れてはならないという教えだ。

わたしたちは踏みなれた生活から放り出されると、もうダメだ、と思います。が、実際はそこに、ようやく新しい良いものが始まるのです。生命のある間は幸福があります

318

――レフ・トルストイ（ロシアの小説家）

気にくわないことは変えればいい。変えられないときは、向きあう姿勢を変えるのよ

319

――マヤ・アンジェロウ（アメリカの活動家・歌人）

気にくわないからといって腹を立ててばかりでは人間関係は好転しない。そんなときには、いつもと違った角度で相手と接してみるといい。アプローチをちょっと変えるだけで、新しい関係が生まれるかもしれない。

疲れた人は、暫し路傍の草に腰をおろし、道行く人を眺めるがよい。人は決してそう遠くへは行くまい

320

――イワン・ツルゲーネフ（ロシアの小説家）

疲れていると次へ踏み出せないときがある。他者との熾烈な競争に身を置いていれば、歩みを止めることさえ勇気がいる。だからといって、急ぐことはない。小休止しても事態は急転しないはず。次に進むためには休むことも重要なのだ。

321

日の輝きと暴風雨とは、同じ空の違った表情にすぎない

――ヘルマン・ヘッセ（ドイツの小説家・詩人）

昼の飛行機に乗り、雲海を突き抜けて高度1万メートルの世界に行くと、抜けるような空の青さに驚くことがある。たとえ雲の下では雨が降っていたり、雷が鳴っていたとしても、それはすべて同じ空。いい日も悪い日も、同じあなたの一日だ。

322

ぼくはあまりつきつめてものを考えないんです。考えて変わるならば、考えてもいいけれど、どうにもならないことは考えないことにしているのです。そうでないとやっていけませんから

——野茂英雄（元メジャーリーガー）『野茂とイチロー「夢実現」の方程式』

名言の主は、今でこそ当たり前になった日本人メジャーリーガーへの道を切り拓いた日本プロ野球界のパイオニアだ。言葉も文化も違う世界で生きていくには、雑音も多かったはず。だが、そんな困難を乗り越えられたのは、いい意味での「鈍感力」があったからかもしれない。

323

練習は量より質、質より気分

――平尾誠二（ラグビー元日本代表監督）

日本ラグビー界を長年引っ張ってきた平尾誠二氏は、人一倍、ラグビーへの情熱を持って取り組んできた。ただ、彼をもってしてもヤル気が出ないときがある。身が入らないときはやらない、という選択肢もアリだ。

324

悪条件で練習する方がいい。レースのときに大きな安心を得られるからだ

――エミール・ザトペック（チェコの元陸上競技選手・金メダリスト）

条件の悪さに備えていたからこそ、ザトペックは金メダルという〝勲章〟を手に入れることができた。あらゆる事態を想定して準備すること。それによって平常心を保つことができる。

325

二人の人間が同じ場所から眺めている。一人は泥土を。もう一人は星を

——フレデリック・ラングブリッジ（アイルランドの作家）

『楽観と悲観』

同じ立ち位置でもちょっと目線を変えるだけで、世界は変わって見えるものだ。仕事や人間関係で落ち込んだとき、うつむくままでいるよりも、上を向いて闇夜に輝く一点の光に望みを託したい。

326

最初から旅先のことがなにもかもわかっていたら、誰も決して出発しないであろう

――フェデリコ・フェリーニ（イタリアの映画監督）

イタリア生まれで、「映像の魔術師」の異名を持つフェリーニらしい名言だ。この先に起こることすべてがわかっていたら、人生はひどく味気ないものになる。ビジネスでも人生でも先が見えないことで苦しむことがあったら、この言葉を思い出すといい。心がふわっと軽くなるはずである。

327

人生には解決なんてない。ただ、進んでいくエネルギーがあるばかりだ。そういうエネルギーをつくり出さねばならない。解決はその後でくる

——アントワース・ド・サン＝テグジュペリ（フランスの作家）

人生が思い通りにいかないからといって、途方に暮れていてもしかたがない。〝正解〟を探して、もがいたところで徒労に終わることもしばしばだ。であれば、あれこれ思いめぐらす前に行動し、「進んでいくエネルギー」に身を委ねよう。

328

壁が横に倒れると、それは橋になる

——アンジェラ・デービス（アメリカの活動家）
『アンジェラ・デービス自伝』

壁の両側に相対するものが存在したとする。だが両者を分けるその壁は、ひとたび倒れれば双方を結ぶ架け橋となる——。黒人解放運動にも参加したアンジェラ・デービスは、壁を橋にしようと努力した人物だ。壁が厚ければ厚いほど橋は頑丈になる。いま、見えない壁の前でもがいているすべての人たちに贈りたい言葉だ。

いったん負けることによって、勝つための新たな戦術が見えてくることがある

329

――ドナルド・トランプ（第45代アメリカ大統領）

トランプ大統領は、幾度もの挫折を経験している。資金不足や投資の失敗、離婚をはじめ、大統領になってからも世界をにぎわせることにおいては右に出る者はいない。しかし、彼の言う通り、自身は挫折から何度も勝利を手にした立志伝中の人物でもある。

この世でもっとも悲劇的な人は、目が見えていてもヴィジョンがない人である

330

――ヘレン・ケラー（アメリカの社会福祉事業家）

1歳のときに高熱で聴力、視力、言葉を失ったヘレンは、家庭教師のアン・サリバンの教育によって天賦の才を開花させ、力強く生きていく。そんな彼女が残した言葉は、面倒を避け、漠然と生きがちな現代人の心に深く突き刺さる。

いやなことはその日のうちに忘れろ。自分でもどうにもならんのにクヨクヨするのは阿呆だ。世の中は汗水流して働いて、頭を目いっぱい使っても、いいことはめったにない。だけど、いやなことはワンサカやってくる。それにかまけていては戦いができない。忘れることだ

331

――田中角栄（元内閣総理大臣）

いくら努力しても報われない。ズルい人間だけが得をする…。世の中にはそんな理不尽なことが多すぎる。しかも、人生の終末を迎えてもなお、それは減ることはない。でも、その悔しさにとらわれていちいち立ち止まるのは損だ。「忘れる」こともまた、生きうえで必要なスキルなのである。

勝つまでやる。だから勝つ

332

――安部修仁（元吉野家社長）

何度負けてもあきらめず、粘り強く、しつこく続ける。疲れたら途中で休んでもＯＫ。とにもかくにも、徹底して勝つまでやる。単純なことだが、それがなかなかできない。でもこれこそが勝利の方程式だ。

量では断然見劣りしても、いくども考えぬいた知識であればその価値ははるかに高い

――ショーペンハウアー（ドイツの哲学者）『読書について』

333

いわゆるお金儲けの上手な人は、無一文になったときでも、自分という財産をまだ持っている

――アラン（フランスの哲学者）

リスクを負って挑戦する以上、大成功を収めることもあれば、無一文になることもある。どんな結果になったとしても、この手のタイプは最後まで自信を持ち続ける。自分という「財産」は目減りしないと最後まで信じるからだ。その自信が、心折れることなく途方もないことに再チャレンジする原動力になるから、よけいにおもしろいのである。

334

わずかなことがわれわれを慰めるのは、わずかなことがわれわれを悩ますからである

――ブレーズ・パスカル（フランスの哲学者・数学者）

335

POSSIBLE

12章 飛躍のために

chapter twelve

向かい風がやってきたら

決意する

大きな進化を遂げる

幸福とは

向かい風がやってきたら

336

人間追い詰められると力が出るものだ。こんなにも俺の人生に妨害が多いのを見ると、運命はよほど俺を大人物に仕立てようとしているに違いない

——フリードリヒ・フォン・シラー（ドイツの詩人・劇作家）『ドン・カルロス』

337

問題が大きければ大きいほど、チャンスも大きい。大して問題でもないものを解決しても、誰も金を払ってはくれない

——ビノッド・コースラ（サン・マイクロシステムズ共同設立者）

投資経験がある人ならば、ハイリスク・ハイリターンを肌で実感しているだろうが、このＩＴ企業の設立者の発言の主旨はそれに近いニュアンスがある。とてつもない困難が目の前に立ちはだかったときは勇気が必要だ。もちろん失敗のリスクを無視してはいけないが、これはビックチャンスだと切り替えられれば心は奮い立つ。自分で自分に暗示をかけてみよう。

338

いっぱい転んで、いっぱい立ち上がればいい

――10代目柳家小三治（落語家）

福島県会津地方に倒してもすぐに起き上がる「起き上がり小法師」という郷土玩具がある。人生でつまずかない人など存在しない。転んだら転びっぱなしの人と、すくっと起き上がる人に分かれるだけだ。

339

人は誰かを心から愛したとき、すべてがうまくいくという希望を持ちます。けれど、いつもうまくいくとは限らないのです

――オードリー・ヘップバーン（アメリカの女優）

なぜ人の幸せに水を差すようなことを言うのだろうと思った人がいるかもしれない。でも、この世に「絶対」はない。むしろ、いつもうまくいくほうが不自然だ。それがわかっていれば、うまくいかない時期があっても不思議ではない。またうまく回り出すだろうくらいに楽観できるようになればしめたものだ。

340

強敵がいなくなれば、こちらの力も弱くなる

――徳川家康（江戸幕府初代将軍）

341

思い通りにならないこともあるのが、しあわせに暮らすための必須条件

――綿矢りさ（作家）『ひらいて』

若いころというのは、とかく何もかも思い通りにならないと気がすまない。不安だからと恋人を束縛したり、調子に乗りすぎてスタンドプレーに走ったり…。だが、そんなことをしていれば、総スカンを食らってしまう。人間はしょせん他人同士、誰かを１００パーセント理解することなど絶対にあり得ないのだから。

342

登山の目標は、山頂と決まっている。
しかし、人生の面白さ、
生命の息吹の楽しさはその山頂にはなく、
かえって逆境の、山の中腹にある

――吉川英治（作家）

自分の天職や運命の相手にすぐに巡り合う人もいれば、何度も回り道をしてようやくたどり着く人もいる。どんなに努力をしても、いまだにその実感が持てないという人もいるだろう。大事なのは、回り道をすることが損をしているわけではないということだ。『宮本武蔵』の著者で知られる吉川英治の言葉を借りれば、人生の醍醐味はその回り道にこそあるということだ。

だから何よりも重要な要素は心構えである。
それが成功と失敗の分かれ目になるのだ。
「これはできる」という心構えでいれば、
どのような分野であろうとも
何よりの原動力となるのである

——アール・ナイチンゲール
（アメリカの実業家・作家）

343

人生は往復切符を
発行していません。
ひとたび出発したら、
再び帰ってきません

——ロマン・ロラン
（フランスの作家）
『魅せられたる魂』

344

昔を振り返るのは
ここでやめにしよう。
大切なのは明日何が起きるかだ

345

——スティーブ・ジョブズ（アップル創業者）

56歳という若さで病没したが、あちこちに彼の遺した〝足跡〟がある。そんなジョブズは、若いころは優秀ではなかった。むしろ、問題児だったという。しかし、生きていくうえで必要なのはそうした過去を振り返って考え込むことではない。未来を楽しむ力を蓄えることだ。彼もまた、未来志向でいたからこそ、コンピュータの世界に革命を起こせたのだ。

346 物事はもっとやってみれば、もっとできるものである

——ウィリアム・ヘイズリット（イギリスの作家）

347 若い人に覚えておいてもらいたいのは、「決して時計を見るな」ということだ

——トーマス・エジソン（アメリカの発明家）

賢者は自らチャンスを創りだす。見つかるまで待つことは少ない

——フランシス・ベーコン（イギリスの哲学者・政治家）

348 二つの矢を持つことなかれ。後の矢を頼みて初の矢になおざりの心あり

——吉田兼好（歌人・随筆家）『徒然草』

349

350

100点以外はダメなときがある

大きな進化を遂げる

——河合隼雄（心理学者）『こころの処方箋』

誰にでも全力でぶつからなければならない場面は必ず訪れる。大切なのは、そういう「ときがある」と心得ること。常に100点を目指せるわけではないし、いつもそこそこでいいというわけでもない。ここぞ、というときに全力で「100点」を取ればいいのだ。

351

仲間に信じられることと、頼られること。その二つがいかに人間を大きくするかを教えてもらいました

――宇津木妙子（元女子ソフトボール日本代表監督）

スポーツをやっている人ならもちろん、そうでない人にも言いたいのは、青春時代を過ごす仲間は特別だということだ。本音で話したり、時には仲たがいしたり、その繰り返しで信頼関係は構築されていく。でも、大人になると知恵や見栄がジャマをして、頼ったり頼られたりすることは減ってしまう。今、何の打算もなく信じ合える友がいる人はラッキーだ。その関係は必ずや、あなたを成長させてくれるはずである。

そしてわたしたちは
忘れないようにしたい
若い人も年老いた人にも

352

明日は誰にも約束されてないのだということを

――ノーマ・コーネット・マレック（アメリカの詩人）
『最後だとわかっていたなら』

「行ってきます」と元気に出ていった子どもが、二度と帰ってこない。朝、些細なことで口喧嘩した夫が夕方には帰らぬ人となる。一瞬先の未来であっても、誰にも保証されてはいない。亡くなった幼いわが子を思って書かれたこの詩は、２００１年の同時多発テロ後のアメリカで多くの人たちに共有された。もう二度と会えないとしたら、相手を傷つけるようなことは言いたくないし、一緒にいられる時間を心から大切にするだろう。いま、生きていること、幸せであることは当たり前ではない。そのことを頭の片隅にそっとおいておけば、明日からの行動は変わるはずだ。

353

クール・ヘッドとウォーム・ハート

──アルフレッド・マーシャル（イギリスの経済学者）

冷静な頭脳と温かい心は、車の両輪のようなものである。物事の善悪を見極め、的確に対処していくには冷静さが欠かせない。しかし、良好な人間関係を築くためには思いやりややさしさ、あるいは熱い情熱といったものもまた重要だ。両方をバランスよく兼ね備えていたほうが周囲からの信頼は厚くなる。

354

私は大いに運を信じている。そして懸命に働けば働くほど運が増すことを知っている

──トーマス・ジェファーソン（第3代アメリカ大統領）

運はただぼんやりと待っているだけではやってこない。人生を成功へと導くためには、自らが運をたぐり寄せる必要がある。「懸命に働くこと」も幸運をたぐり寄せる方法のひとつである。

355

スランプというのは、好調なときにその原因が作られている。だから好調なときが一番心配です

――川上哲治（元巨人軍監督）

現役選手として、また監督としても読売巨人軍の強さの象徴だった川上氏らしい言葉だ。どんな人でも物事がうまくいっているときは調子に乗りやすく、その先にある落とし穴に気がつかない。いい流れのときこそ慎重さを欠いてはいけない。常に最悪の事態を考え、用心するくらいの注意深さを持ちたいものだ。

356

Next One（次回作だよ）

自分の作品で最高傑作はどれか、と聞かれたときの答え。

――チャールズ・チャップリン（イギリスの俳優・監督）

歴史に残る数々の名作を残したにもかかわらず、それに奢ることのなかったチャップリン。自分の「いま」に満足することなく、常に希望と信念を持ち続ける姿が、次（未来）を切り開く力になる。

357

寝床につく時に翌朝起きることを楽しみにしている人は幸福である

——カール・ヒルティ（スイスの法学者・哲学者）

「幸福のパラドックス」という言葉がある。「幸せになりたい」と強く望むほど幸せは逃げていってしまうという矛盾を表している。手の届かない幸せを求め続けるより、日々の生活に小さな楽しみを見つけ、明日もきっと楽しい一日になるだろうと心待ちにして眠りにつくほうが幸福度は格段に高いはずである。

358

幸福はコークスのようなものだ。何か別の物を作っている過程で偶然得られる副産物なのだ

——オルダス・ハクスリー（イギリスの作家）

コークスとは石炭からつくる燃料のこと。その製造過程では、ガスなどの副産物が生まれることに喩えた金言だ。仕事や趣味に打ち込んでいるときは、幸福を得ることが第一義的な目的ではないが、うまくいけばうれしいはずだ。この充足感が副産物である。

359

最も身近な人を幸せにすることは最も難しいことであり、それ故に最も価値のあることである

——宇野千代（小説家）『人生学校』

両親や気のおけない友人は、あなたにとって「当たり前」の存在かもしれない。目をつぶってその人がいない人生を想像してみてほしい。「当たり前」であることは、とてつもなく尊く、幸福なことなのだ。

360

幸福を得る唯一の方法は、幸福を人生の目的とせず、幸福以外の何か目的物を人生の目的とすることである

――ジョン・スチュアート・ミル（イギリスの哲学者）

ただ漠然と幸せになろうとすると、うまくいかないものだ。それよりは「これがあるから幸せ」と思えるものに出会うこと。つまり〝これ〟に当たる何かを探せばいいわけで、それは勉強やスポーツ、仕事、趣味、あるいは家庭を築くことだったり、一人で気ままに生きることかもしれない。誰にでも自分に合った幸せは必ずあるはずだ。

361

幸せになろうと思わないでください。幸せをつかみに行って幸せをつかんだ人はひとりもいません。幸せは感じるものです

――金八先生（ドラマ『3年B組金八先生』より）

彼氏や彼女がほしいとガツガツ行動していたけれど、大人になったら幼馴染と結婚…。などというパターンはよくある。そこには長い間に培われた信頼関係や居心地のよさがあるからだ。幸せは陽だまりのようなもの。目には見えないけれどほんのりと温かい。

362

みんなが考えているより
ずっとたくさんの「幸福」が
世の中にはあるのに、
たいていの人は
それをみつけないのですよ

――モーリス・メーテルリンク（ベルギーの詩人）『青い鳥』

「自分は幸せだ！」と言えるのは、小さな幸せを発見するのが上手な人。いつもよりよく寝られた、朝食がおいしかった、面白い本に出会った、花がきれいだった――。心を満たしてくれるささやかな「よかった」は、身の回りにあふれている。いいこと探しの達人になってみては。

363

幸福とは、報酬を求めなかった人々のところへくる報酬なのだ

——アラン（フランスの哲学者）

すぐ目の前で落し物をした人がいたら、あなたは声をかけるだろうか。だとしたら、それは十分に無償の愛になる。いいことをしたら自分の心も温かくなる。これも幸せの形のひとつなのである。

364

目の前にある現実だけを見て、幸福だとか不幸だとかを判断してはいけない。その時は不幸だと思っていたことが、後で考えてみると、より大きな幸福のために必要だったということがよくあるの

――フジ子・ヘミング（ピアニスト）
『フジ子・ヘミングの「魂のことば」』

「損して得とれ」とは、先に損をすることで、あとからくるリターンを期待することだ。言い換えれば、目先の利益にとらわれるなという意味でもある。いま、直面している不遇も、これからやってくるであろう大きなリターンに必要な「損」なのかもしれない。悲観的になるのはまだ早い。

山のあなたの　空遠く
「幸」住むと　人のいふ
噫われひとと　尋めゆきて
涙さしぐみ　かへりきぬ
山のあなたに　なほ遠く
「幸」住むと　人のいふ

365

——カール・ブッセ（ドイツの詩人）『山のあなた』（上田敏訳）

山の彼方に幸せの異郷があるというので尋ねて行ったけれど、どうしても見つからないという詩。どこかに理想の場所があるかもしれないというのは、たいていの場合は現実逃避かもしれない。いまいる場所で精いっぱい生きていれば、そこが自分にとって居心地のいい理想郷になるはずだ。

12章
飛躍のために

11章
扉を
あけそうなとき

10章
壁に
ぶつかったら

9章
自信を育てる

8章
失敗したら

7章
チャンスを
つかむ

(佐々木勝男編著／民衆社)、『人生学校―幸せを呼ぶ生き方の秘訣１２４人の提言』（宇野千代／集英社)、『子どもの心を育てる珠玉の言葉』（佐藤充彦／学事出版)、『フジ子・ヘミングの「魂のことば」』（フジ子・ヘミング／清流出版)、『時代を変えた科学者の名言』（藤嶋昭編著／東京書籍)、『心がラクになる後ろ向き名言１００選』（鉄人社)、『井深大語録』（井深大研究会編／小学館)、『心にジーンと響く１０８の名言』(竹内正明／大和書房)、『ひらいて』(綿矢りさ／新潮社)、『心に響く勇気の言葉１００』（川村真二／日本経済新聞出版社)、『人生ランナーの条件』(君原健二／偕成出版社)、『心のポケットにいれておきたい名言手帳』(竹内正明／大和書房)、『人生の道標になる座右の銘』（リベラル社編／リベラル社)、『読書で見つけた　こころに効く「名言・名セリフ」』（岡崎武志／光文社)、『日本史の名言・名セリフ２２４』（新人物往来社)、『こころの処方箋』（河合隼雄／新潮社)、『日本人なら知っておきたい名言１００』（木村進／総合法令出版)、『奮い立たせてくれる科学者の言葉９０』（夏川賀央／きこ書房)、『「もうダメだ！」と思ったら読む本』(アントレックス)、『最後だとわかっていたなら』(ノーマ・コーネット・マレック著、佐川睦訳／サンクチュアリ出版)、『１０代のための座右の銘』（大泉書店編集部編／大泉書店)、『イチロー×矢沢永吉　英雄の哲学』（矢沢永吉、「イチロー×矢沢永吉　英雄の哲学」製作委員会／ぴあ)、『野茂とイチロー「夢実現」の方程式』(永谷脩／三笠書房)、『十代に贈りたい心の名短歌１００』(田中章義／ PHP 研究所)、『カシコギ』(趙昌仁著、金淳鎬訳／サンマーク出版)、『１０代のための古典名句名言』（佐藤文隆、高橋義人／岩波書店)、『オードリー・ヘップバーンの言葉』（山口路子／大和書房)、『上司から部下へ、親から子へ　語り継ぎたい東洋の名言８８』(ペマ・ギャルポ監修、ハイブロー武蔵／総合法令出版)、『日本人アスリート名語録』(桑原晃弥／ PHP 研究所)、『財界１９９０．２．１３号』（財界研究所)、『プレジデント２０１４．１１．３号』（プレジデント社)、『宝石１９９３．７号』（光文社)、『PHP １９８３．９号』（PHP 新書)、『PHP くらしラク～る♪２０１６．１１』（PHP 研究所)、『読売新聞２００１６．７．３１』（読売新聞社)、『日本経済新聞１９９０．６．２４，１９９６．２．７，１９９７．４．１４』（日本経済新聞社)、『朝日新聞１９９０．６．２７，１９９６．２．２６』（朝日新聞社)、『東京新聞１９９４．９．６，１９９７．４．１４』（東京新聞社)
＊書名を上げた参考文献以外にも多くの資料・文献等を参考にさせていただきました。

本書は、『明日が変わる座右の言葉全書』（２０１３／小社刊)、『子どもの心に届く「いい言葉」が見つかる本』（２０１７／同）に新たな情報を加え、改題の上、再編集したものです。

主な参考文献

『仕事力を磨く言葉（吉田寿／日本経団連出版)、『東西の名言辞典』（有原末吉編／東京堂出版)、『生きた言葉なるほど事典』（秋庭道博／実業之日本社)、『解説　世界の名言名文句事典』（故事ことわざ研究会編／アロー出版社)、『世界の故事名言ことわざ総解説』（江川卓他64名／自由国民社)、『ドイツ名句事典』（池内紀、恒川隆男、檜山哲彦／大修館書店)、『賢人たちに学ぶ　道をひらく言葉』（本田季伸／かんき出版)、『「トップアスリート」名語録』（桑原晃弥／PHP研究所)、『勇気の言葉―幸福と成功を引き寄せる１００の叡智―』（浅川智仁／文芸社)、『シェイクスピア名言集』（斎藤祐蔵編・訳／大修館書店)、『ものすごい言葉』(多根清史／ソフトバンククリエイティブ)、『いい人生をつくる世界のことば』(植西聰／静山社)、『君を成長させる言葉』（酒井穣／日本実業出版社)、『たった１つの言葉が人生を大きく変える』（Dr.マーディ・グロース／渡部昇一訳／日本文芸社)、『人を動かす魔法の言葉』（斉藤靖雄／ソフトバンククリエイティブ)、『君の10年後を変える言葉』（齊藤孝／フォレスト出版)、『いい言葉は、いい人生をつくる』（斎藤茂太／成美堂出版)、『座右の銘が見つかる本』（今泉正顕／三笠書房)、『賢人たちに学ぶ 自分を磨く言葉』（本田季伸／かんき出版)、『Happy名語録』（ひすいこたろう＋よっちゃん／三笠書房)、『名文句・殺し文句』（伊福部隆彦／潮文社)、『人生を創る言葉　古今東西の偉人たちが残した94の名言』(渡部昇一／到知出版社)、『経済人の名言　上』（堺屋太一監修、日本経済新聞社編／日本経済新聞出版社)、『スポーツことわざ小辞典』（野々宮徹編著／遊戯社)、『〈つまずき〉の事典』〈中村邦生編著／大修館書店〉、『「グッ」とくる言葉　先人からの名言の贈り物』(晴山陽一／講談社)、『「もう終わりだ」と思った時に読む本』（ダイアプレス)、『はてしない物語』（ミヒャエル・エンデ著、上田真而子・佐藤真理子訳／岩波書店)、『HAPPY　幸せのカタチをみつけるための１１１の言葉』（A-Works編／A-Works)、『葉っぱのフレディ―いのちの旅―』（レオ・バスカーリア著、みらいなな訳／童話屋)、『アメリカ生きがいの旅』(城山三郎／文藝春秋)、『ことばセラピー　精神科医が診察室でつかっている効く名言』（上月英樹／さくら舎)、『「新しい人」の方へ』（大江健三郎／朝日新聞社)、『ザ・ワーズ　心を癒す言葉』（アレックス・ロビラ、山内志文訳／ポプラ社)、『ひつじの涙』（日高万里／白泉社)、『偉人たちの最高の名言に田辺画伯が絵を描いた。』（水野敬也、田辺誠一／朝日新聞出版)、『きみの行く道』（ドクター・スース著、いとうひろみ訳／河出書房新社)、『最新ことわざ·名言名句事典』（創元社編集部編／創元社)、『運命を変える偉人の言葉』（リベラル社編／リベラル社)、『さぶ』（山本周五郎／新潮社)、『賢人たちに学ぶ　道をひらく言葉』（本田秀伸／かんき出版)、『元気語録４００選　このひとことが幸せの扉を開く』（竹内均／講談社)、『「無償」の仕事』（永六輔／講談社)、『上司から部下へ、親から子へ　語り継ぎたい世界の名言１００』（七田眞監修、ハイブロー武蔵＋ペマ·ギャルポ／総合法令出版)、『銀の匙』（荒川弘／小学館)、『20代から折れない自分をつくる１００の言葉』（川北義則／朝日新聞出版)、『あなたの潜在能力を引き出す20の原則と54の名言』（ケント・ヒーリー、ジャック・キャンフィールド著、弓場隆訳／ディスカヴァー·トゥエンティワン)、『先生たちがえらんだ　子どもに贈りたい１２０の言葉』